MANESSE  BÜCHEREI

49

Johannes Gross
Über die Deutschen

Manesse Verlag

Zürich

Inhalt

Vorwort,
nach einem Vierteljahrhundert

In den sechziger Jahren hatte der Frankfurter Verleger Heinrich Scheffler die Rechte an dem Buch über die Italiener von Luigi Barzini erworben und zwei andere Titel über die Skandinavier und die Amerikaner dazu und wünschte, die kleine Serie mit einem Buch über die Deutschen fülliger zu machen. Er wandte sich an den damals vierunddreißigjährigen Journalisten J. G., Chef der Politik beim Deutschlandfunk und als Buchautor nur ausgewiesen durch zwei Sammelbände, die von der Kritik freundlich, vom Publikum nicht überschwenglich aufgenommen worden waren. Der Gegenstand, nach Gott, Tod und Unsterblichkeit der größte, den es für einen deutschen Autor gibt, fand mich nicht ganz ohne Vorbereitung, das Denken und Treiben der lieben Deutschen war mein publizistisches Hauptthema seit zehn Jahren gewesen (und hat nie aufgehört, mich zu faszinieren).

Barzini, ein eleganter, weltläufiger Schriftsteller, hatte seinen Text auf englisch geschrieben, um seine Landsleute, ihre Schicksale und nationalen Charaktere dem Erdkreis zu präsentieren. Meine Absicht war durchaus anders, zugleich bescheidener und dreister: nämlich mit den Deutschen selber sich zu verständigen, was ihren Begriff ausmacht, was ihre neue Gegenwart und ihr neues Land. Das Land war die Bundesrepublik Deutschland; über die DDR wußte ich wenig, interessierte mich auch nicht sehr für ihre Absonderlichkeit. Dieses Stück Deutschland war immer ein Gebiet, das eines Tages Bundesrepublik Deutschland sein oder, was ich als Möglichkeit nicht ernst nehmen mochte, aus der deutschen Geschichte ausscheiden würde. Neben der detaillierten Beschreibung der deutschen Tatbestände ist aus dem Buch eine apologia pro natione sua geworden, die Bekundung eines noch jungen Deutschen, der als Heranwachsender nur Gräßliches über das Vaterland und seine Vorderen gehört hatte, daß und warum er gerne Deutscher sei.

Die Kapitel sind nach langem Ansammeln von Materialien und wenigen, nur der Gliederung dienenden handschriftlichen Entwürfen in frischem Tempo geschrieben, das heißt diktiert worden. Diese Arbeitstechnik ist mir seitdem die liebste geworden, außer bei epigrammatischen Stücken, Maximen und Anekdoten, die handschriftlich gefaßt werden können. Ich habe gefunden, daß es meinem Text nicht bekommt, wenn er in der Langsamkeit des Selberschreibens, ob von Hand oder mit der Maschine, entsteht. Die Gefahr des allzu Bedachten, des Gewählten, die Verführung zum Pretiösen schleicht sich ein. Das mündlich Formulierte hingegen behält seinen natürlichen Fluß. Die Sätze sind

8

nicht kürzer, aber durchsichtiger, ihre Gliederung dem Ohr wohlgefälliger als die Periode, die ich beim Langsamschreiben konstruiere. Nur was ganz leicht aussehen muß, ganz beiläufig, muß penibel, Silbe für Silbe, niedergeschrieben sein.

Den alten Scheffler, dessen Unternehmen heute dem Societäts-Verlag gehört, habe ich in guter Erinnerung. Er war noch kein Marketing-Fachmann, der nach Nischen spähte, sondern die Bücher machte, die ihm gefielen. In der Herstellung war er altfränkisch solide. er mochte, aus dem berühmten Verlag von Kurt Wolff stammend, den materialisierten Geist in der Herstellung ehren, achtete auf tadellosen Satz, Umbruch, Einband und die Qualität dessen, was man seit Gérard Genette die «Paratexte» nennt: Titelei, Register, Anmerkungen. Ein Buch ohne letztere ist eigentlich keins; wer dem Publikum Überlegungen vorträgt, schuldet Belege, Hinweise auf gegenläufige Argumente pp., die sich im Text übel ausnehmen würden, und soll sie als Menschenfreund am Fuß der Seite bringen und nicht zusammengefaßt am Ende des Buches.

Der Verlag hatte in den letzten Jahren mehrfach gedrängt, eine Neubearbeitung des Buchs über die Deutschen zu unternehmen; ich hatte immer abgelehnt mit der Begründung, aktualisieren lasse es sich nicht, es müsse ganz neu geschrieben werden. Jetzt, nach 25 Jahren wiedergelesen, kommt mir die Begründung unhaltbar vor. Zwar möchte ich eine

Aktualisierung nicht anfassen, weil ich Textrevisionen, die Autoren in Anpassung an die Weltläufte und die eigene geläuterte Einsicht vornehmen, so abscheulich finde wie das Umschreiben eines alten Lebenslaufs – aber sie wäre auch gar nicht nötig, weil die Zustände des deutschen Gemüts, der gesellschaftlichen und staatlichen Verfassung, der fast ungebrochenen Macht der deutschen Tradition sich zu keiner Umwertung anbieten.

Nun treten auch im Ostteil Deutschlands die alten Lokalfarben leuchtend hervor, die schon die alte Bundesrepublik grundierten. Das Land nicht mehr der Mitte, aber des Mittelstandes, des Mittelmaßes. Das Land, dessen industrielle Produktion so vorzüglich ist, weil die Deutschen Handwerker geblieben sind. Das Land ohne Oberschicht, dem die Konventionen abgehen und das sich quält mit einer Sehnsucht nach Stil und politischer Kultur. Das seit den Tagen der Glaubensspaltung imprägnierte Land, in dem kein gesellschaftlicher Diskurs ohne noch unbewußte Verwendung theologischer Kategorien möglich ist. Das Land des höchsten literarischen Witzes und des kräftigen Volkshumors, das aller Welt, und mit Grund, als humorlos gilt.

Das Buch von 1967 endet mit dem Satz: «Die Deutschen warten, hüben wie drüben, wie die Geschichte disponiert.» Sie warten nicht mehr, sie brauchen es nicht.

Köln, 6. Mai 1992   J. G.

Deutsche Wandlung

Alles, was nicht unmittelbar politisch ist unter Deutschen, ist so alt und beständig wie Brauchtum und gesellschaftliche Einrichtung bei irgendeinem Volk. Die politischen Institutionen, durch welche ein Volk einen Nationalcharakter konstituiert, sind Wandlungen und Abbrüchen, partikularen Entwicklungen und Restaurationen ausgesetzt gewesen wie in keinem anderen Land, das sich zur Nation bilden sollte. Kontinuität und Tradition sind in Deutschland Wörter, die der sozialen Sphäre angehören, kaum der Politik.

Die Epochen, welche die Deutschen am stärksten prägten und auch ihren Begriff von sich selber am meisten bestimmten, sind der Ausgang des Mittelalters bis zum Ende der Glaubenskämpfe, das Biedermeier und die Wilhelminische Gründerzeit. Von der Wandlung seiner politischen Institutionen in der Bundesrepublik abgesehen, besteht die tiefe Veränderung Deutschlands nach dem Zweiten Weltkrieg darin, daß das Erbe der Gründerzeit, die deutsche Ideologie des 19. Jahrhunderts, nachträglich ausgeschlagen wird.

Seit Beginn der Neuzeit steht das Bild der deutschen Stämme fest. Eifersüchtig haben sie ihre

Eigenart bewahrt und sie durch konfessionelle und politische Teilungen gerettet. In Kretzschmer-Zuccalmaglios «Deutschen Volksliedern» von 1840 steht:

> Der Berliner selbst sich lobt,
> und der Pommer, der ist grob,
> die Schlesinger sind die Feinen,
> und die Sachsen gar viel meinen.
>
> Und die Österreicher schlicht,
> witzig sind die Böhmen nicht,
> und die Bayern platte Knaben,
> und nicht klug sind alle Schwaben.
>
> Und die Franken sind zu stolz,
> die Westfalen sind von Holz,
> aus Hannover, die sind eitel,
> Hanseaten für den Beutel.
>
> Die vom Rheine trinken gern,
> die Elsässer spielen die Herrn,
> die Brabanter gern krakeelen,
> drin die Holländer nicht fehlen.
>
> Jedem von uns etwas fehlt,
> wie wir alle aufgezählt.
> Drum, als Brüder heißt's vertragen,
> miteinander dreingeschlagen.

All wir Brüder eins zu Hauf
nehmen wir's mit allen auf,
steh'n wir alle da für einen,
ist die Sache auch im reinen.

Das ist ein Bild schon mit feineren Zügen aus späterer Zeit und drückt nur die gutmütige Hänselei der Stämme untereinander aus, nicht das Mißtrauen und die Antipathie, die sie auch gegeneinander haben. Die Mundarten der Stämme haben allesamt verloren und sind nicht mehr literaturfähig, was sie einmal waren, aber ein reines Schriftdeutsch ohne Dialektfärbung spricht bis auf den heutigen Tag nur eine kleine Schicht, und mindestens die Schwaben und Bayern, auch ihre Gebildeten, halten daran fest, daß ihr Deutsch auf allgemeine Achtung Anspruch machen darf. Gern halten sich die Stämme ihre Tugenden und Laster vor und messen die Geistesleistung, die sie erbrachten. In der Eigenwerbung tun sich traditionell die Sachsen und Schwaben hervor (deren Eigenheiten mitsamt ihrer Sprache bei den übrigen auf die stärkste Abwehr treffen), und es besteht ein Eindruck, daß der deutsche Geist hauptsächlich jenen beiden Stämmen zu danken sei. Das Lob der Hessen aber singt niemand, die die Völkerwanderung an sich vorüberziehen ließen; aus dem Hessenland gingen Grimmelshausen, Goethe, Lichtenberg, die Brüder Grimm, Büchner und viele andere hervor. Die «landsmannschaftliche Verbundenheit« ist kein leeres Wort. Wo immer sich Deutsche finden, beginnen sie, sich in Stämme zu untergliedern, politische und konfessionelle Unterscheidungen landsmannschaftlich zu überspringen, aber auch den anderen Trennungen eine neue hinzuzufügen. Das ist schon so seit vielen hundert Jahren, kein Ende ist abzusehen. Als Deutscher hat ein Deutscher oft kein Selbstbewußtsein (und ein gemeinsames haben die Deutschen jedenfalls nicht), aber als Hanseat und Bayer hat er eines, ungebrochen*.

Alt und noch in voller Kraft ist die Neigung der Deutschen zum Trunk. Andere Völker trinken mäßiger-regelmäßiger oder lassen sich von der Obrigkeit das Glas wegnehmen; schon Luther meinte (in der Auslegung des 101. Psalms), der deutsche Teufel sei ein guter Weinschlauch und heiße Sauf. Alt ist das Zünftewesen und andere noch heute wichtige Teile der Wirtschaftsverfassung; alt sind die meisten Verwaltungsgrenzen – die evangelischen Landeskirchen und teilweise auch die katholischen Diözesen spiegeln das Bild der Dynastien des 17. Jahrhunderts bis zum Ende der Monarchie; alt sind die großen Universitäten, reformiert im 19. Jahrhundert und umgestaltet im 20., hinzu kommen nur Uni-

---

* Das gilt allgemein für jede Erscheinung von Selbstbewußtsein in Deutschland, die nicht politisch ist. Als Gelehrter, Geistlicher, Seemann, Monteur oder Industrieller hat jeder sein Selbstbewußtsein und äußert es unbefangen, als Deutscher nicht.

versitäten neuen Typs; mittelalterlich-bäuerlich ist ein Hang zum Bramarbasieren – noch heute kann sich eine deutsche Stadt «Weltstadt mit Herz» nennen.

Alt ist die Pedanterie nicht nur der Sprache, sie hat zwar zu subtilen Unterscheidungen geführt (welche Sprache kann ohne Lehnwörter kindlich, kindisch, kindhaft unterscheiden?), aber auch zu «Zitronenfruchtsaftgetränk», zur Großschreibung der Substantive, einer Schreibweise des Deutschen überhaupt, die unsere Sprache als übermäßig konsonantenreich erscheinen läßt (dabei stehen sch und ch nur für einen Laut, das Dehnungs-h ist meist überflüssig); pedantisch ist auch der mühsam-umständliche Umgang mit Titulaturen und Höflichkeitsformeln. Alt ist der pädagogische, der theologische Akzent im Deutschen (weltlich heißt etwas anderes als mondän, mundane oder selbst worldly). Alt ist der von der Tracht herrührende Perfektionismus der Kleidung – ein Deutscher trägt Sonntagsstaat und staffiert sich aus, wenn er zur Jagd geht (vom grünen Hut mit dem Gamsbart, über Hemd, Krawatte, mit Grandeln auf der Krawattennadel, bis zu den grünen Socken), während die bürgerliche Kleidung des 19. Jahrhunderts, Frack, Cutaway und später Smoking, sich weniger behauptete. Tausendfältig sind die alten, streng gehüteten Überlieferungen, die überkommenen Institutionen und Verhaltensweisen, die den Deutschen auf Schritt und Tritt umgeben, mit und unter denen er sich bewegt. Alt, mittelalterlich und feudal ist das deutsche Wort Ritter und seine Anwendung «ritterlich», das Gutes verheißt; in anderen Sprachen ist das entsprechende Wort *cavalier* negativ besetzt, bedeutet schroffes, rücksichtsloses Verhalten; im Englischen und Französischen ist es später in den Sprachgebrauch eingegangen, als das ritterliche Ideal längst verblaßt war.

Nicht mittelalterlich, aber alt genug ist die Anrede «Herr» im Deutschen – und ihre Geringschätzung. Wie in vielen kontinentaleuropäischen Sprachen wurde die den Hochgestellten ursprünglich zugedachte Anrede allmählich zur bürgerlichen, während im Englischen der «Meister» des Handwerkerstandes den Titel gab (weshalb in England kein Adliger, Offizier oder Bischof mit Mister tituliert werden kann), doch bald schon wurde der schöne Titel Herr seines Ranges entkleidet und wurde dann gar zu vulgärer Polemik gebraucht (Hitler redete von «Herrn Churchill»; später hieß es: «Wenn Herr Ulbricht meint...», obwohl der nie ein Herr war oder einer hat sein wollen). Schuld an der Abwertung des Wortes Herr war, kurios genug, auch Goethe, der im Oktober 1798 «Herr», «Madame» und «Demoiselle» vor den Namen der Schauspieler auf dem Komödienzettel streichen ließ mit der Begründung, der Name des Künstlers sei genügend, Herren gäb es viele in der Welt, aber Künstler sehr wenig. Noch ehe das bürgerliche Zeitalter recht begonnen hatte in Deutschland, begann schon die Zerstörung seiner Formen: nicht nur der Adel war mehr und die Geistlichkeit, auch Kunst und Wissenschaft sollten sich darüber erheben.

Wann sich der deutsche Diminutiv ausbildete, ist schwer auszumachen. Er paßt gut ins Biedermeier, in kleinbürgerliche Gemütlichkeitsformen und drückt den Wunsch nach Nettem und Zierlichem, die Abneigung gegen das Bedrohliche aus. In vielen westlichen Sprachen (mit Ausnahme des Spanischen) ist die Verkleinerungsform nicht vorhanden oder ungebräuchlich, das Deutsche wie die slawischen Zungen exzellieren darin. Der Bäcker bäckt Plätzchen, Törtchen und Teilchen, die Hausfrau trinkt ein Täßchen Kaffee dazu, sie kocht auch wohl dem Mann ein Süppchen, der mit dem Nachbarn noch einen Zwist zu beenden, ein Hühnchen zu rupfen, sein Mütchen zu kühlen hat. Jedes deutsche Wort kann mit -chen oder -lein, -el oder -le zur Nettigkeit, aufs kleine Format gebracht werden. Das Hündchen hat ein Herrchen, und selbst der Elefant besteht aus Weibchen und Männchen. Viele der Diminutive sind Kosenamen, andere funktionelle Verkleinerungen, wie Brötchen zu Brot; vieles entstammt dem Umgang mit Kindern; aber die meisten der Wörtchen und ihre große Popularität sind aus dem Bedürfnis erklärlich, aus der großen Welt zu fliehen. Im Kleinen, hinter Butzenscheiben, wohnt das Glück.

Auch der erhabene Name der Pflicht, den Kant vordem besang und auf den das Staats- und Beamtenethos aufbaute, wurde in der Redeweise der Deutschen aufs kleine Format gebracht und vermenschlicht. Ich tue nur meine Pflicht, sagt ein Deutscher entschuldigend, wenn er seinem Nächsten weisungsgemäß Unangenehmes zufügt. Ich tat nur meine Pflicht, sagt er bescheiden auf den Glückwunsch zu einem Verdienstorden, und «der tut ja auch nur seine Pflicht», denkt er verständnisvoll, wenn ihm ein anderer, dem es wiederum peinlich ist, pflichtgemäß entgegentritt. Dieser Begriff von Pflicht hielt sich noch, als die Pflichten gräßlich waren und die Staatsdiener sich besser der Pflicht im Sinn des Philosophen erinnert hätten; aber für normale Zustände ist er zu brauchen und wird gebraucht.

Das Biedermeier hat als eine Hauptzeit modernen bürgerlichen Lebens und einer spezifisch bürgerlichen Gesittung das Verhalten der Deutschen geprägt, aber kaum eigene Institutionen hinterlassen, weil die Politik der Restauration derlei kaum zuließ. Aber die geselligen Antriebe und Interessen, die nach Herstellung der Vereins-, Versammlungs- und Pressefreiheit zu zahllosen Vereinigungen führten, waren in der Kultur des Biedermeier angelegt, in die die Strömungen der Befreiungskriege längst eingegangen waren. Die Gesangvereine entstanden, später die Turnvereine, die Korporationen an den

Universitäten gelangten zu hoher Blüte*, das Pressewesen entfaltete sich. Etwa seit 1950 feiern zahllose Institutionen und Organisationen in der Bundesrepublik ihr hundertjähriges Bestehen. Sie alle haben drei bis fünf Kriege, zwei Weltkriege darunter, das Kaiserreich, die Erste Republik, die Hitlerdiktatur überdauert und in der Bundesrepublik den angestammten Platz behauptet.

So sind die Deutschen von alten Überlieferungen umgeben, pflegen Verhaltensweisen und Sprachgewohnheiten, deren Wurzeln sich in den Jahrhunderten verlieren, und leben in einer Industriewelt (auch die großen Firmen sind meist ungefähr hundert Jahre alt), mit einem Strafrecht und einer Gerichtsverfassung von gleichfalls hundertjährigem Bestehen und einer Vielzahl gesellschaftlicher Einrichtungen,

---

* Die Burschenschaften waren im Enthusiasmus und Freiheitsdrang nach den napoleonischen Kriegen entstanden, dann von der Reaktion unterdrückt worden, weil sie freiheitliche und deutsch-nationale Ideen vertraten, was beides den dynastischen Interessen zuwiderlief. Die Burschenschaften behielten in der Folgezeit einen demokratischen Anflug mindestens im sozialen Status ihrer Mitglieder, während die Korps politisch konservativ waren. Als Symbol gesellschaftlicher Exklusivität – sie pflegten das Duell und einen im bürgerlichen Europa unzeitgemäßen Ehrbegriff – gerieten die Korporationen zu den demokratischen Strömungen in Widerspruch und waren auch teilweise nicht frei von Antisemitismus. Obgleich vom NS-Regime unterdrückt, hatten sie nach dem Kriege als reaktionäre Institution Schwierigkeiten, bis im Prozeß der allgemeinen Anpassung und der wechselseitigen Entideologisierung sich auch die SPD mit ihrer Fortexistenz versöhnte.

die ihre Dauerhaftigkeit bewiesen haben. Obgleich die Deutschen die darin beschlossene Tradition als eine selbstverständliche fortsetzen und die darin liegenden deutschen Eigentümlichkeiten, ohne viel Gedanken auf sie zu verwenden, weiterpflegen, hat es Sinn, von ihrer Wandlung zu reden.

Es ist nicht so, daß im «Zusammenbruch» 1945 nur die politischen Strukturen zusammengebrochen wären und daß alles andere mit einigen vom Nationalsozialismus bewirkten Veränderungen und Modernisierungen wieder aufgelebt wäre. Die deutsche Ideologie des 19. Jahrhunderts war zerstört. Der Glaube, es gebe eine deutsche Mission, ist dahin.

Vorbei ist es mit den Gegensatzpaaren von «Kultur» und «Zivilisation», Inhalt und Form, Dichtung und Literatur, in denen jeweils das Deutsche für Kultur, Gehalt und hohe Dichtung stand, gegen eitles Literatentum, die Kunst der bloßen Form und die seelenlose Zivilisation. In dieser Ideologie verstand sich Deutschland als die geistige Vormacht des Abendlandes. Hier blieben die tiefen Schätze geborgen und wurden nicht als Kleingeld im Caféhaus umgesetzt. Auch gegen Sittenlosigkeit, Frivolität und Laster der westlichen Großstadt stand deutsche Anschauung, die noch wußte, daß der Mensch von mehr lebt als dem Brot allein. Deutsch sein hieß, eine Sache um ihrer selbst willen treiben (Richard Wagner). Deutschland war für das Organische gegen das Mechanische und verwarf den platten Rationalismus. – Dieser Ideologie, deren Wurzeln in die Romantik zurückgehen, entsprach keine Realität des Kaiserreiches. Die Wissenschaften wurden mit größtem Erfolg so rationalistisch betrieben wie überall sonst, die Hinneigung zum Organischen verhinderte nicht die unorganische Industrialisierung und mechanistische Eingriffe des Staates in das soziale Leben, an gefällig-leeren Formkünstlern war kein Mangel, und die seelenlose, aber bequeme und hygienische «Zivilisation» breitete sich allenthalben aus. Aber die Ideologie gab Deutschland über die Wahrnehmung seines nationalen Interesses hinaus eine spezifisch deutsche Aufgabe. Deutschland war nicht ein Land wie die anderen, nicht Ost noch West, sondern mehr. Das Land ohne Nationalbewußtsein, ohne gemeinsame Geschichte, das sich erst 1871 die Möglichkeit schuf, Nation zu werden, hatte aus vielen Nöten eine Tugend gemacht und sich ein Bewußtsein verschafft, einen hohen Zweck selbst bestimmt. Die deutsche Ideologie gab der Politik des Reiches eine überschießende Innentendenz, konnte den gegen Bismarcks europäischen Friedensentwurf gerichteten Revisionismus legitimieren und der Gewalt ein gutes Gewissen machen, die hoher deutscher Sendung diente*.

* Ein Beispiel für den ideologisch aufgeladenen «Nationalismus», der das nationale Interesse gar nicht zu erfassen vermochte, bietet die Tätigkeit des Alldeutschen Verbandes, die dem Reich unablässig schadete, dessen Größe er dienen wollte; er war 1891 als Reaktion

Der Erste Weltkrieg hatte diese Ideologie zwar getroffen, aber nicht zerstört. Noch immer suchten deutsche Intellektuelle den eigenen, den dritten Weg, gaben «Kommunismus und Faschismus!» als Losung aus und pflegten in Bünden, die von der Bündischen Jugend der Zeit vor dem Ersten Weltkrieg sich herleiteten, ein Bewußtsein deutscher Sonderstellung, deutscher Art und Einzigartigkeit. Die Nationalsozialisten verwerteten neben vielem anderen auch diese Ideologie; mit der Niederlage des Hitlerreiches war sie endgültig diskreditiert.

Wer nach dem Zweiten Weltkrieg zu Deutschen vom deutschen Wesen und der Aufgabe Deutschlands sprach, wurde verlacht. Die Deutschen hatten diese Ideologie – die, intellektuellen Ursprungs, Glaube der Massen nie geworden – nicht nur verworfen, sie schämten sich ihrer jetzt und fanden sie peinlich und abgeschmackt. Im Gegenteil, es schien nun die Meinung zeitgemäß, daß der Nationalstaat überhaupt kein historisches Recht mehr und im Grunde nie eines besessen habe und daß selbst die normale Vertretung nationaler Interessen, jedenfalls für die Deutschen, bedenklich sei. Es bedurfte eines alten Mannes wie Adenauer, der weder an der deutschen Ideologie noch an ihrem Zusammenbruch be-

auf den Tausch der Insel Sansibar gegen die damals noch britische Insel Helgoland begründet worden: der Tausch war vernünftig und im nationalen Interesse, der ideologischen Verblendung erschien er Verrat und Infamie.

22

teilig gewesen war, um einige Staatlichkeit und Vertretung außenpolitischer Interessen wieder zu organisieren.

Mit der deutschen Ideologie verschwand auch die Sprachwelt, die zu ihr gehörte – die vielen Wörter, die auf -tum endigen und intensiv Deutsches aussagen sollten, Richtertum, Volkstum, Soldatentum, es starb das Scheltwort «undeutsch», und alles Irrationale war verpönt. Die Deutschen hatten aufgehört, sich als Besonderes, als Träger des Weltgeistes zu sehen. Sie wollten die Normalität, keine Ausnahmestellung, weder im Bösen noch im Guten; am liebsten wollten sie nur noch Mensch sein unter Menschen, doch zur Not auch unter Engländern, Franzosen, Italienern – Deutsche.

Das Land der Teilung

Deutschland war immer ein geteiltes Land. Die Sehnsucht der Deutschen nach Einheit und Größe war zeitweise beruhigt, aber nie ganz erfüllt. Das Heilige Römische Reich, das sich von Karl dem Großen herleitete und seinen Anspruch auf Rom bezog, konnte Einheit und Größe gar nicht verbinden. Als Reich mußte es mehr sein als das Haus nur eines der europäischen Völker. Die Uneinheitlichkeit war nicht nur die Bedingung seiner Größe, sondern die Voraussetzung seiner Existenz. Das Römische Reich der Antike und der frühen Christenheit konnte ein Völkergemisch seiner Staatsidee integrieren. Seine innere und äußere Ruhe wurde von der römischen Armee garantiert, es wurde von römischen Beamten verwaltet, es unterwarf sich römischem Recht, und Rom war der Mittelpunkt der Welt. Das mittelalterliche deutsche Kaiserreich hatte nichts von dem. Es hatte keine Hauptstadt, keine feste Armee, kein allgemein durchsetzbares Recht, es hatte keine Beamten im modernen oder auch nur im antiken Sinne.

Die Deutschen, die das Reich trugen, konnten gegenüber den anderen Bewohnern der lateinisch-christlichen Welt keine zivilisatorische Überlegenheit ins Treffen führen.

Das Reich war am eindrucksvollsten in der Idee. Unter bedeutenden Herrschern gelangte es zwar immer wieder zu kräftiger Wirklichkeit. Es war unangefochten Vormacht der Christenheit, sein Kaiser Stellvertreter Christi auf Erden, bis der Papst Innozenz III. den Titel an sich nahm – die Christenheit brauchte eine Weile, ehe sie begriff, daß der Stellvertreter Christi ein Kleriker sein sollte –, die Gesandten des Reiches genossen allenthalben Präzedenz. Den Deutschen mochte es schmeicheln, daß ihr Kaiser den vornehmsten Platz besetzt hielt – aber was hatten sie davon? Ein deutscher König, der nicht zugleich römischer Kaiser war, hätte eine Erbmonarchie begründen, sich die Territorialfürsten unterwerfen mögen, wie es der französische König tat; der römische Kaiser mußte gewählt werden und darum in den Wahlkapitulationen den Regionalherrschern Zugeständnisse machen, er mußte chimärische Feldzüge nach Italien unternehmen, suchte sich den Papst zu unterwerfen, der ihn unterwerfen wollte. Die mittelalterliche Kultur Deutschlands hat dem kaiserlichen Hof wenig zu verdanken, und der politische Sinn der Deutschen wurde nicht dadurch gestärkt, daß sie den Blick auf den schönen Schein des Reiches richteten und den sakralen Glanz der Majestät.

Die politischen Schwächen des Kaisertums waren in anderer Hinsicht für die deutschen Landschaften nicht von Nachteil. Es gab zwar nicht die Haupt-

und Weltstadt, über Deutschland lag darum später leicht auch ein Hauch von Provinzialismus, aber es gab viele «Hauptstädte», und darum ist Deutschland fast nirgends so provinziell wie die von der Metropole entfernten Gegenden anderer Länder. Die frühen deutschen Kaiser errichteten Kaiserpfalzen, wo sie sich aufhielten; Kathedralen verkünden ihren Ruhm als Schützer des Glaubens; im späteren Mittelalter begünstigten sie eher die Freien Reichsstädte gegenüber dem Druck der Landesfürsten, in denen sich reiches bürgerliches Leben, hohe Zivilisation und Kunstsinn entfalteten. – Den Mangel eines Reichszentrums bezeugt die Goldene Bulle Karls IV. von 1356 über die Regelung der Königswahl: ihr erster Teil wurde vom Reichstag in Nürnberg, ihr zweiter vom Reichstag in Metz beschlossen; der König sollte in Frankfurt gewählt, in Aachen gekrönt werden.

Das Reich war grenzen-los, nie war ganz klar, was wie dazugehörte, und es hatte in sich kein Maß, keine politische Form. Der Vorwurf der Maß- und Grenzenlosigkeit gegen Deutschland und die Deutschen mag seinen Ursprung in der Reichsidee, vor allem der späteren Berufung darauf haben, die sich mit dem Anspruch der Hegemonie über Europa verband. Ein Sinn für Grenzen, ein «sens du territoire», konnte sich im Reich nicht entwickeln.

Die Deutschen wußten kaum, ihre Fürsten aber noch weniger, was Rechtens Deutschlands war, was es zu verteidigen galt und was den anderen gehörte. Bis in die neuere Geschichte ist es auffällig, mit welcher Unbefangenheit deutsche Machthaber über deutsches Territorium verfügen konnten. Es entspricht dem, daß zunächst nicht von «Deutschland» die Rede ist; der Minnesänger Walther von der Vogelweide, ein kaisertreuer und «politischer» Dichter, spricht von «allen tiuschen Landen». Das zusammengesetzte Wort Deutschland ist erst seit dem 16. Jahrhundert in allen Casus im Gebrauch. Im gleichen 16. Jahrhundert, in dem die anderen Völker Nationen zu werden begannen, blieb Deutschland, dezentralisiert und uneins, die Grundlage des Reiches.

Durch die Reformation wurde es in zwei Teile geschieden, während andere Länder im neuen Glauben oder in der Verteidigung des alten vereinigt wurden. Der Kaiser schloß sich der neuen Lehre nicht an. Die lutherische Religion brauchte die Hilfe der Landesfürsten, und diese – aus Überzeugung wie aus Politik – nutzten sie zur Stärkung ihrer Macht. Im Vergleich zur konfessionellen Teilung war die bisherige Teilung oder Gliederung Deutschlands in eine Vielzahl geistlicher und weltlicher Herrschaften harmlos, auch wenn diese Herrschaften einander gelegentlich befehdeten und oft eine mit der kaiserlichen völlig unvereinbare Politik trieben.

Durch die konfessionelle Teilung verloren die Deutschen auch zu einem großen Teil ihren sozialen Zusammenhalt; zwischen Protestanten und Katholiken herrschte eine intensive Feindschaft; selbst äußerlich unterschieden sie sich voneinander. Sie trennten die Friedhöfe, wählten verschiedene Blumen und Sträucher zum Schmuck der Gärten, verschiedene Arten, den Acker zu bestellen und die Furchen zu ziehen. Die Protestanten in Braunschweig strickten anders als die Katholiken jenseits der Weser. Noch heute kann man im Ebsdorfer Grund bei Marburg in Hessen eine Bäuerin in der Landestracht sehen: ein Häubchen mit Schleifen auf dem Dutt und blaurot lebhaft gefärbtem Kleid, vier Kilometer weiter, auf einem im Dekanat Amöneburg gelegenen Gehöft, trifft der Wanderer Mädchen in einer Tracht, in der das Grünrote dominiert, die Zöpfe zum Kranz gelegt – hier katholisch, da evangelisch. Die Konfessionstrennung hat die Verschiedenheit der Tracht Jahrhunderte erhalten. Die Protestanten, immer unbedingter einer reinen Lehre anhängend, führten die Teilung noch fort – im gleichen Teil Deutschlands wurde der reformierten Universität Marburg dreißig Kilometer südlich die lutherische Universität Gießen entgegengesetzt. Deutschland wimmelt von Zeugnissen dieser Teilungen, der politischen, kulturellen, menschlichen.

Der Dreißigjährige Krieg, der das Zeitalter der Religionskriege abschloß, beendete die Teilung nicht, sondern stabilisierte sie. In Deutschland kehrte Grabesstille ein, das verarmte und entvölkerte Land blieb auf Generationen geistig gelähmt. Der

Westfälische Frieden bestätigte statutarisch das Interventionsrecht fremder Mächte in die Angelegenheiten Deutschlands. Seit 1648 hatten die Deutschen recht, sich als bloßes Objekt der europäischen Politik zu betrachten.

Jetzt wurde auch die Teilung in der Spitze des Reiches verfassungsmäßig institutionalisiert. Ein für die Konfessionen relevanter Beschluß des Reichstages kam nur zustande, wenn die protestantische und die katholische Bank zustimmten; das separate Abstimmungsverfahren hieß *itio in partes* und hatte Folgen bis auf den heutigen Tag. Entgegen der demokratischen Doktrin, besteht in Deutschland eine psychologische Sperre gegen das Mehrheitsprinzip, die sich in abwertenden Vokabeln wie «Kampfabstimmung» ausspricht und die im Verfassungsrecht, auch dem der Bundesrepublik, für die wichtigen politischen Entscheidungen qualifizierte Parlamentsmehrheiten vorschreibt, also die Minderheit gegenüber der Mehrheit privilegiert.

Die *itio in partes* führt in äußerster Konsequenz zum Recht auf Sezession. Ein Staat kann damit nicht bestehen, und der Rechtsgelehrte Pufendorf hat das Reich in seiner späteren Phase ein Monstrum genannt.

Seit das Kaisertum definitiv in der Hand der Habsburger war, war Wien Sitz des Kaisers. Als Hauptstadt Deutschlands wurde Wien nicht empfunden. Der Reichstag saß in Regensburg, das

Reichskammergericht in Wetzlar. Der König von Preußen gehörte nicht als solcher zum Reich, sondern allein als brandenburgischer Kurfürst; Ostpreußen, von Deutschen bewohnt, war nicht Reichsterritorium. Aber der schwedische König gehörte mit seinen deutschen Besitzungen als Herzog von Bremen, Verden und Pommern pp. zum Heiligen Römischen Reich Deutscher Nation (in der «Nachfolge-Organisation», dem Deutschen Bund von 1815, war der dänische König für Holstein, der niederländische für Luxemburg, der englische für Hannover Mitglied). Böhmen war Reichsland, doch überwiegend von Nichtdeutschen bewohnt.

Das ganze Reich mit seinen uralten und sehr ehrwürdigen Traditionen hielt sich in der neuen Zeit als ein Netz von Fiktionen von nur sehr gelegentlichem Realitätsbezug. Die Glieder des Reiches hatten nun offiziell das Recht auf selbständige Außenpolitik, die nur nicht gegen Kaiser und Reich gerichtet sein durfte.

Einige traten alsbald dem ersten Rheinbund mit Ludwig XIV. bei, der sich gegen die Interessen Österreichs richtete – das Reich, abstrakt wie es war, hatte kaum Interessen, die verletzt werden konnten. Es war denkbar, daß alle Glieder des Reiches gegen einen gemeinsamen Feind Krieg führten, ohne daß das Reich daran beteiligt war. Einen gemeinsamen Feind oder einen fast gemeinsamen hatten die Glieder des Reiches aber erst, als es mit dem Reich zu Ende ging: in der Koalition gegen die Französische Republik. Meistens folgte das Reich den Interessen des Hauses Habsburg, die sich mit denen Bayerns, Preußens oder Mecklenburgs durchaus nicht deckten.

Im Volke lief die Sage vom Kaiser Rotbart um, die noch im Repertoire der nationalen Barden des 19. Jahrhunderts lebendig war. Vom Kaiser Rotbart – das Bild Friedrich Barbarossas war mit dem des großen Kaisers Friedrich II. in eines geflossen, dessen Universalgenie freilich weniger Deutschland als seinem sizilischen Reich gewidmet war – wurde geträumt, daß er im Berge Kyffhäuser sitze und schlafe; der Bart ist längst durch den Tisch gewachsen, aber eines Tages wird er aufwachen und das Reich der Deutschen in alter Herrlichkeit wiederherstellen. So richtete sich die vom Reich enttäuschte Sehnsucht wieder auf das Reich – das doch nicht als ganz dasselbe zu denken war wie ein Nationalstaat oder wie ein Königreich unter anderen in Europa.

Die Enttäuschung über das Reich drückte sich im 18. Jahrhundert in der Bewunderung für den preußischen «Reichsfeind» Friedrich den Großen aus, auch bei denen, die nicht preußische Untertanen waren und die preußische Disziplin, Sparsamkeit und Tüchtigkeit nicht sympathisch fanden. Preußen, ein politisches Kunstprodukt ohne Voraussetzungen aus der Natur oder der Geschichte, brachte, auf seinen vorzüglichen zivilen und militärischen

Apparat gestützt, den unerträglich scheinenden Immobilismus des Reiches zum Einsturz. Zudem sah man unter Friedrich Deutsche gegen eine Welt von Feinden, Franzosen, Russen, Panduren und Kroaten, aber auch Österreicher und Sachsen, siegen. Das erhob die öffentliche Meinung gewaltig, und man dachte «fritzisch», wie Goethe sagt, ohne daran zu denken, preußisch zu sein.

Hinfort teilte der Dualismus Preußen – Österreich die Deutschen aufs neue. Preußen breitete sich in Deutschland aus, Österreich nahm an außerdeutschen Besitzungen zu. Die deutsche Frage aktualisierte sich in der Frage nach der Führungsmacht. Kein Reich, kein Bund, keine Interessensphäre kann von zwei Mächtigen zugleich gesteuert werden, jedenfalls nicht auf Dauer. Auch Duumvirate funktionieren nur kurze Zeit. Da Österreich die Führung Deutschlands mit der Entschiedenheit, die erforderlich war, nicht übernahm, ergriff Preußen die Chance, sie zu übernehmen. Die ehrwürdige Monarchie der Habsburger gehörte zu Deutschland, war aber nicht in Deutschland. Sie verwaltete mit großer Kunst deutsche, italienische, ungarische, polnische und andere slawische Völkerschaften. Bismarck löste die deutsche Frage, indem er durch den Krieg von 1866 die deutschen mitsamt den nichtdeutschen Österreichern aus Deutschland ausschloß. Eine gewisse Parallele bietet die Lage Europas nach dem Zweiten Weltkrieg. Großbritannien wäre die natürliche Führungsmacht der Einigung Europas gewesen, aber es war «of Europe, not in Europe». Sein Commonwealth und seine Weltmission schlossen es aus.

Das geteilte Land ist zugleich das Land der Mitte. Deutschland gehörte nicht zum Westen, nicht zum Osten: vielmehr fing der «Osten» an seiner östlichen Grenze an; «Westen» war alles, was jenseits Deutschlands westlich lag. Das Land der Mitte bestätigt sich sprachlich in den Ausdrücken Ausland – Inland. Ausland, das ist, mit einem Wort, unterschiedslos jedes fremde Land, es ist die Gesamtheit der verschiedenen Länder, die nur eines verbindet, nicht Deutschland zu sein. Nur wenige Völker drücken sich so aus, die meisten müssen die andern einzelnen Länder benennen oder von der «Fremde» reden, die der «Heimat» entspricht, nicht dem Inland und die nichts Politisches meint.

Das Land der Mitte ist oft als Brücke gesehen worden, gutwillige Deutsche sprachen vom Brückenschlag als deutscher Aufgabe. Die kulturelle Vermittlung zwischen Ost und West, Nord und Süd ist in der Tat eine große Leistung Deutschlands gewesen, aber in der Politik war es doch unangenehm, daß die Brücke Deutschlands auch von den anderen begangen wurde.

Land der Mitte ist ein Land, das sich nicht entscheiden kann. Dem entspricht es, daß das Land der Mitte im Konflikt entweder Kriegsschauplatz ist

oder an zwei Fronten ficht. So sind die großen europäischen Kriege in Deutschland geschlagen worden:
der Dreißigjährige Krieg, aus dem Frankreich be-
herrschend hervorging; die friderizianischen Kriege, die nicht bloß Schlesien preußisch machten,
sondern auch über den relativen Status Englands
und Frankreichs als Kolonialmächte entschieden;
der Krieg gegen Napoleon, der in der Völker-
schlacht bei Leipzig 1813 seinen Höhepunkt fand.
So hatte umgekehrt das Reich eine doppelte Front.
Österreich verteidigte seine europäische Stellung
nach Westen gegen Frankreich und schützte gleichzeitig die Christenheit im Osten vor den Türken;
wer will, mag schon in der mittelalterlichen Wendung der Kaiser nach Süden, der gleichzeitigen
wichtiger Reichsfürsten nach Osten die Anlage zum
Zweifrontenkrieg erkennen. Die Zweifrontenkriege Wilhelms II. und Hitlers und ihr Ausgang sind
noch in aller Erinnerung. Die historische Erfahrung, ja bloße politische Rechnung beweist, daß
Deutschland keine Zweifrontenkriege gewinnen
kann; daß sie dennoch unternommen wurden,
scheint eine Folge des Konzepts des Reichs als Land
der Mitte zu sein, für die das Wort «Einkreisung»
die defensive Formel liefert. – Daß König Friedrich II. seinen Mehrfrontenkrieg gewann, lag nicht
nur an seinem militärischen Genie, sondern mindestens ebenso am Tod der Kaiserin Elisabeth von
Rußland, der ihm eine Front freigab; das war aber

ein Ereignis von einer Art, mit dem ein verantwort-
licher Staatsmann nur rechnen darf, wenn er selbst
für seinen Eintritt sorgt, das heißt gar nicht.

Bismarck hat keinen Zweifrontenkrieg geführt.
Im dänischen Krieg 1864, im Krieg gegen Österreich 1866, gegen Frankreich 1871 gab es jeweils
nur einen Feind und eine Front. Auch Bismarcks
Titularreich stand vor der Versuchung des Landes
der Mitte – sich nicht entscheiden zu können. Der
Kanzler suchte der Versuchung durch einen origi-
nellen Gedanken zu entgehen: Der Stabilisierung
des europäischen Friedens. Es lag in der Konsequenz seiner Politik, jedenfalls jeden europäischen
Konflikt um Deutschland als Mitte zu vermeiden;
im Falle eines bei einer intelligenten deutschen Frie-
denspolitik schwer vorstellbaren Krieges würde er
Partei ergriffen, sich entschieden haben, vermutlich
für den Osten. Die Sicherheit Deutschlands, einer
Landmacht, gegen Rußland, die größte Landmacht,
zu ereichen, wäre ihm kaum möglich erschienen*.

---

* Es gilt als fragwürdig, über Geschichte in irrealen Bedingungssätzen
nachzudenken. Das abschreckende Beispiel ist Nietzsches sehnsuchts-
voller Ruf, daß das Christentum ausgelöscht wäre, wäre nur Cesare
Borgia Papst geworden. Aber sein Satz ist nicht methodisch unerlaubt,
sein Schluß ist falsch. – Jede politische Betrachtung der Historie muß
die Wege berücksichtigen, die die Geschichte nicht genommen hat,
Alternativen prüfen, die bestanden, die Optionen, in deren Besitz
sich handelnde Personen glaubten. Selbst «wie es wirklich gewesen»
(Ranke), kann man nicht erfahren, wenn man nicht wissen will, wie
es hätte sein können.

Deutsche Grundbegriffe

Ein Selbstportrait der Deutschen findet sich in ihrer Sprache. Es gibt Schlüsselworte, die die Deutschen selbst für charakteristisch deutsch halten; einige davon haben sich auch im Ausland als typisch durchgesetzt. Dazu gehört etwa: *Gemütlichkeit.* Es ist ein Wort, das seinen Rang allmählich einbüßt, ihn aber noch nicht verloren hat und einen näheren Blick verdient. Gemütlichkeit hat mit Gemüt nicht mehr viel zu tun. Es bezeichnet eher Derbes als Zartes, herzhafte Geselligkeit eher als stille Empfindsamkeit. Paläste sind nicht gemütlich, sondern Bürger- oder Bauernhäuser, und die Wohnküche ist noch eher gemütlich als der Salon. Es gehörte Wärme dazu, Holzgetäfeltes, das schaumige Bier oder der Rotspon am Winterabend. Das helle Licht, die räumliche oder moralische Distanz sind der Gemütlichkeit feind. Ein gemütlicher Mensch ist das Gegenteil eines Störenfrieds: er lacht mit, er macht mit, er freut sich des Lebens. Die Gemütlichkeit ist ein Ideal, das zur bürgerlich-bäuerlichen Welt gehört und in die Zeit vor der industriellen Revolution, eigentlich ins Mittelalter. Ein Urbild der Gemütlichkeit ist der Stall: mit der Wärme und dem Geruch der Tiere, der niedrig hängenden Lampe, der Kälte und Dunkelheit draußen. Bei der Geburt des Christkindes herrschte Gemütlichkeit, und Gemütlichkeit herrscht bei der deutschen Feier seines Geburtstages.

Ein anderes Schlüsselwort heißt: *Treue*. Es ist ein Kernbegriff des feudalen Denkens, das auf die persönliche Verpflichtung des Vasallen gegen den Fürsten, des Knechtes und Dieners gegen den Herrn, der Frau gegen den Mann abstellt. Es gilt auch Treue um Treue – wer Gehorsam verlangt, gewährt Schutz, verspricht es wenigstens. Immer gehört zur Treue ein Band von Person zu Person. Es ist nicht im richtigen Sinn des Wortes, wenn es auf die Pflicht des Beamten gegen den Staat, die Achtung vor Gesetz und Verfassung angewendet wird. Treulos zu sein ist seit alters her der schlimmste Vorwurf, der einem gemacht werden kann. In den Erzählungen der Germanen, im Nibelungenlied, in den deutschen Märchen spielt der Treulose die schimpflichste Rolle. Hagen von Tronje, der Kriemhilds Vertrauen verriet, wurde zu einer negativen Symbolfigur. Die Treue ist politischer Rationalität entzogen, höchste Tugend und soll eigentlich auch im Konflikt mit der allgemeinen Moral siegreich sein. Die Offiziere des 20. Juli empfanden es als Problem, ob sie ihr Treuegelöbnis zum Diktator brechen dürften; diejenigen, die am Putsch gegen Hitler teilzunehmen sich weigerten, konnten nach dem Krieg ihre Weigerung mit Eid- und Treuepflicht begründen. Mit der außerordentlichen Wertschätzung der Treue steht die merkwürdige Tatsache nicht im Widerspruch, daß nie jemand Schwierigkeiten hatte, in Deutschland Verräter zu finden: Wenn das persönliche Band nicht mehr besteht, findet ideologische oder andere Verführung ein williges Opfer; die Nation als solche findet weniger leicht Loyalität, wenn nicht sicher ist, was Nation, nationales Interesse ist.

Die Deutschen lieben, mehr als andere Völker, den *Wald*. Sie sehen in ihm, den sie unter hohen Kosten hegen und pflegen, Natur, die dem seelenlosen Asphalt der Städte das Urteil spricht. Der Grieche geht auf den Markt, der Deutsche in den Wald (A. Mirgeler). Er meidet die feilschende Menge, das laute Geschwätz, die Einsamkeit gibt ihm Trost und tiefe Einsicht. Der Wald ist ein Requisit vor allem der romantischen Sprache. Das Lob des Waldes bezeugt den Sieg der Romantik über die Aufklärung. In der älteren Tradition war er den Deutschen wie anderen Völkern unheimlich, er verbarg Räuber und Drachen, Zauberer und schreckliche Geheimnisse. Der «deutsche Wald» ist relativ jungen Datums, kaum älter als das 19. Jahrhundert, und im Begriff, zum schönen und nützlichen Forst ohne tiefere Bedeutung zu werden.

Als besonders deutsch, weil andere Sprachen das Wort nicht kennen, gilt die *Schadenfreude*. Ein umständlicher Begriff der Schadenfreude kommt zwar schon beim römischen Philosophen Seneca vor, aber es ist im Deutschen ein geläufiges, häufig verwendetes Wort. Ist es überlegene Psychologie, daß das Deutsche diese Herzensregung handlich benennt, während andere umschreiben oder übernehmen? Oder haben wir das Wort, weil wir es dringender brauchen? Lachen, sagt der Humorist Wilhelm Busch, ist ein Ausdruck relativer Behaglichkeit. «Der Franzl hinterm Ofen freut sich der Wärme um so mehr, wenn er sieht, wie sich draußen der Hansl in die roten Hände pustet.» Der beliebte Schriftsteller, der weniger harmlose Formen von Schadenfreude genußvoll darstellt, macht Schadenfreude zum Element der Freude überhaupt. Mit der Schadenfreude ist der Neid verwandt, der unter Deutschen schon seit Urzeit als deutsches Übel angesehen wurde. Für deutsch gilt (sie ist es nicht) die alte Geschichte von der Fee, die einem Mann einen Wunsch unter der Bedingung schenkte, daß sein Nachbar das Doppelte erhielte: der Mann wünschte sich, auf einem Auge blind zu werden. Der Neid ist eine Haltung der Ohnmacht, bezeichnet ein Verhalten physischer, finanzieller oder moralischer Impotenz, und durchdringend blickende Kritiker haben in dem eigentümlichen Reinheitsideal in der deutschen Geistesgeschichte eine letzte Überhöhung des Neides, seine Umkehr ins Positive vermutet. Reine Begriffe, rein werden und rein bleiben, die Verwerfung der Wirklichkeit mit ihrem Schmutz und ihren Unterscheidungen – das hat im Denken seit der

Klassik in Literatur und Philosophie hohen Rang. Das Reine, das Immaterielle, das Absolute sind Gipfel, von denen der Mächtigste und Reichste so weit entfernt ist wie der Ärmste: Ohnmacht und Impotenz als Wurzel des Neides, die Reinheit als ihr Ideal. Wenn das nicht deutsch ist, dann doch der Hang zur Selbstanalyse, der einer solchen Überlegung zugrunde liegt.

Heimat und *Heimweh* sind für die deutsche Selbstbeurteilung wichtig, wenn sie auch nicht, wie viele Deutsche meinen, nur zum Besitz der deutschen Sprache gehören. Die Heimat ist nicht Deutschland, sondern die Stadt, die Landschaft, aus der man kommt, wo man sich zu Hause fühlt. Ihr gilt das Heimweh. Die Liebe zur Heimat, eine starke Empfindung bei vielen, läßt viele Deutsche sich nicht primär als Deutsche verstehen. Heimat ist ein unpolitischer Begriff, der Ort des Glücks, der Idylle, der Harmonie.

Ein unpolitisches Wort ist auch *Volk,* wenngleich es die politische Sprache beherrscht. Sein Bedeutungsspielraum ist größer als der seiner ausländischen Entsprechungen. Es kann – selten – Pöbel heißen, häufiger drückt es Wertvolles aus, Volksbank, Volkswagen, Volksschule, das sind allgemein zugängliche, solide Dinge. Dem Volksmund, dem Volkslied gilt die Aufmerksamkeit der Volkskunde. In der Sprache der Nationalsozialisten und der Kommunisten wurde Volk politisiert – als Träger der nationalen oder sozialistischen Revolution in Anspruch genommen. In der Bundesrepublik haben deshalb neue Zusammensetzungen mit Volk keinen werbenden Wert und sind außer Mode. Aber «das Volk», gar «unser deutsches Volk» steht im öffentlichen Gebrauch für das, was die anderen «Nation» nennen würden, ein Wort, das bis heute den Deutschen fremd geblieben ist. «Volk», als politisches Wort konturenlos, ist mit Affekten belegt, die «Nation» als Bezeichnung der politischen Einheit eines Volkes nicht kennt. In der politischen Sprache ist das Volk redlich, stark, unverderbt, sein treuer Sinn wird zwar gelegentlich mißbraucht, aber es bleibt die Quelle unserer Kraft. Wer so vom Volk zum Volke redet, braucht sich nicht selbst dazuzurechnen, bleibt ihm überlegen, selbst wenn er völkisch denkt.

Die Volksredner hätten noch vor wenigen Jahrzehnten eindringlich von der *Mutter* zu reden gewußt: die Mutter war den Deutschen hehr und erfuhr eine Art öffentlicher Verehrung. Sie bildete den Kern des Volkes, schenkte dem Vaterland die Söhne und betrauerte sie, wenn sie gefallen waren; und der sterbende Soldat rief «Mutter!» auf dem Schlachtfeld. Mit der Mutter war nicht nur das Bild der deutschen Familie beschworen, der weitaus mächtigsten sozialen Institution der Deutschen bis auf den heutigen Tag – sie hatte halb metaphysische Bedeutung. Sie war Seele, Bewahrerin, das Ewige im Sturmgebraus der Zeit. Faust fährt nieder zu den Müttern, den verborgensten Göttinnen, und selbst Mephisto schaudert's. Aber Goethe ist kaum als Urheber des Mutterkultes in Anspruch zu nehmen. Der Zeitgeist des 19., des beginnenden 20. Jahrhunderts fand in der Mutter, der jeder in Liebe anhängt, das Symbol des Rekurses aufs Private, das Unpolitische, das Gegensymbol zur Dame mit ihrer gesellschaftlichen Existenz und in dem Paar Mutter – Sohn einen reinen, asexuellen Bund. Es ist nicht möglich, sich die begeisterten, todbereiten Langemarck-Kämpfer des ersten Krieges mit Pin-up-girls im Tornister zu denken. Schon im Zweiten Weltkrieg hatte der Mutterkult, obgleich noch vom Regime gestützt, seine Kraft verloren. Heute ist von der Mutter unter den Deutschen die Rede wie bei allen Völkern. Die «Mutter» gehört in eine Sprachwelt, in der auch das «Schicksal» zu Hause ist, neben vielen anderen Begriffen, die die Ehrfurcht vor dem Ur-Elementaren, dem platten Verstand nicht Zugänglichen ausdrükken; Richard Wagners großer Name mag für die Richtung stehen, die von niederen Geistern hauptsächlich zur Wirkung gebracht wurde. Mit dem Volks-Bewußtsein hat dergleichen wenig zu tun, zu den Grundbegriffen der Deutschen zählt es, weil es in einer gebildeteren Schicht vor allem der Wilhelminischen Zeit mächtig war und zu einem inzwischen abgehängten Selbstbildnis des Deutschen beitrug.

Einen auch heute noch wichtigen Unterschied zu den andern macht das Deutsche bei den *Schimpfwör-*

tern. Alle Nachbarn können, wenn sie ihrem Ärger Luft machen wollen, «Merde!» rufen oder das Gegenstück dazu. Die Deutschen nennen auch einen nichtswürdigen Menschen einen Scheißkerl, und geht etwas schief, mögen sie es beschissen heißen. Die meisten andern Sprachen würden sich hier der Wörter aus der Sexualsphäre bedienen; im Deutschen sind die Schimpfwörter überwiegend und auffällig aufs Fäkalische bezogen. Ein Deutscher, der drastische Sprache liebt, kann ein Wort wie «Furz» immerhin gebrauchen, wenn es auch nicht gesellschaftsfähig ist; ein Engländer wird es so gut wie nie verwenden, es sei denn, er schriebe moderne Prosa mit künstlerischer Absicht. Dafür kann ein Engländer oder Franzose mit unvergleichlich viel größerer Unbefangenheit Vokabeln des Geschlechtlichen in den Mund nehmen; ein Deutscher muß zu blumenreich-verlegenen Umschreibungen oder zum lateinisch-griechischen Fachwort greifen: Ausnahmen gibt es nur in vertrautester Männergesellschaft und auf einem sprachlichen Niveau, das gesellschaftlich tabuiert ist, und, analog zum Exkrementalen bei den andern, in neuen literarischen Texten. Derselbe Tatbestand zeigt sich beim Vergleich obszöner englischer Limericks mit deutschen obszönen Versen: im Deutschen kommt mehr Fäkalisches vor, die Darbietung der Sexualia ist brutal und ohne Eleganz – an eine Rezitation selbst in freierer Gesellschaft nicht zu denken. Henry Miller oder Genet sind auf Deutsch anstößiger als im Original. – Was bedeutet die stärkere Tabuisierung des Sexuellen oder die weniger entschiedene der Fäkalien? Ist – nur in der Sprache, der Öffentlichkeit, nicht der privaten Realität – noch eine spätmittelalterlich-klerikale Tradition lebendig, die Saufen und Fressen einigermaßen freigab, die Liebe aber nicht? «Liebe» selbst hat einen idealen Ton; *love* und *amour* sind von *make love* und *faire l'amour* nicht weit entfernt.

Der Versuch, Züge eines Portraits aus der Sprache abzuschreiben, ist oft genug mit Pedanterie und absurden Ergebnissen unternommen worden. Wem es zu denken gibt, daß das deutsche *Krieg* in keiner anderen Sprache vorkommt – nur im nächstverwandten Niederländisch – und daß es richtigen «Hader» bedeutet im Gegensatz zu *war* oder *guerre* (die zum Stamm Wehr – Verteidigung gehören), der sollte bedenken, daß auch der *Frieden* uns eigentümlich ist. Friede ist nicht bloß *Pax, Paix, Peace* – kriegloser, vertraglich gesicherter Zustand, sondern bedeutet: Versöhnung, Freundschaft, Schonung. Die Lateiner können von *pax iniusta* reden, die deutsche Sprache kann sich Frieden nicht ohne Recht denken. Wer mag, kann auch über das Nicht-Juristische, Nicht-Politische, die höhere Intensität dieser deutschen Begriffe spekulieren. Aber die *wars* sind doch meist Kriege gewesen, und keine *pax* hat Dauer ohne Frieden.

Der deutsche Michel

Das offizielle Selbstportrait der Deutschen ist der deutsche Michel. Seine runde Gestalt mit der Schlaf- oder Zipfelmütze auf dem Kopf steht in deutschen Karikaturen für Deutschland und die Deutschen. Die Engländer werden durch John Bull dargestellt, Frankreich von Marianne, Amerika durch Uncle Sam.

Der deutsche Michel ist diesen Figuren nur in der Karikatur gleichgeordnet; im übrigen ist er mehr, nicht bloß ein Zeichen für den Deutschen, sondern ein Symbol, die Personifizierung eines deutschen Selbstverständnisses. Uncle Sam ist schließlich nur die Illustration zu einem Wort, das für die Initialen USA steht. John Bull, ein gutmütiger dicklicher Farmer, ist eine Figur aus Arbuthnots Satire von 1712, aber nicht geeignet, englische Charakteristika zu bezeichnen. Marianne hieß eine sozialistisch-demokratische Geheimgesellschaft im Frankreich der Restauration. Der Name wurde dann dem Weib aus dem Volke zugedacht, das in der Revolution von 1848 die Kämpfenden anfeuerte, und wird seitdem für die Französische Republik verwendet; aber mehr besagt er nicht über Frankreich und Franzosen.

Der deutsche Michel ist von anderem Gewicht. In ihm sehen die Deutschen wesentlich Deutsches verkörpert. Er blickt mit runden Augen naiv in die Welt, keiner heroischen oder pathetischen Pose fähig, in Gesellschaft der andern bescheiden und blöde im ursprünglichen Sinn des Wortes. Er ist nicht geschickt zum Geschäft der Welt, zu einer bedeutenden Rolle jedenfalls unfähig und unwillig. Es ist, als denke er immer, was einst Asinius Pollio für den Senat im römischen Bürgerkriege sagte: «Laßt uns fern von eurem Streite bleiben, wir wollen die Beute des Siegers sein.» Der Michel ist der dumme Bauer, der von den gerissenen Leuten aus der Stadt übers Ohr gehauen wird, oder der harmlose Bürgersmann, der seine Ruhe haben will.

Michel kommt vom Erzengel Michael, dem alten Patron der Deutschen (und der Juden). Es ist nicht klar, wie aus dem gewaltigen Diener Gottes das Bild der Harmlosigkeit werden konnte; jedenfalls sind alle patriotischen Versuche, den Michel wieder mit Zügen des Erzengels auszustatten, ihn zu heroisieren, ohne Erfolg geblieben – sowohl nach dem Dreißigjährigen Krieg wie im Ersten Weltkrieg. Die Figur des deutschen Michel war schon zur Reformationszeit bekannt, doch ihre bis heute gültigen politischen Konturen erhielt sie nach dem Biedermeier. In der politischen Polemik seit 1840 steht der Michel für Untätigkeit, für politische Trägheit des deutschen Bürgertums, des Volkes im Ganzen, das für Einigkeit und Recht und Freiheit sich nicht aufraffen kann und mag. Fast gleichzeitig beginnt aber auch die Identifikation mit dem Michel und seiner Redlichkeit, seiner Verläßlichkeit, seiner Gutmütigkeit, seiner Harmlosigkeit, die alle von der bösen Welt ausgenutzt werden. Im Michel können die Deutschen Mitleid mit sich selber haben, sich bewußt machen, daß niemand sie versteht. Es ist heute vergessen, daß der Erzengel Michael, Patron und Ausgang des Symbols der Deutschen, nicht bloß ein großes Fest hat zu Michaeli am 29. September, sondern noch ein zweites Fest; es ist der 8. Mai.

Das späte Mittelalter oder der Beginn der Neuzeit, dann wiederum das Biedermeier oder die Reaktion dagegen haben vieles zum Selbstgefühl der Deutschen beigesteuert. Das Wort Biedermeier selbst ist erst 1853 entstanden und abwertend gemeint gewesen. Es trifft die bürgerliche Gesellschaft in der Zeit der Beständigkeit des Deutschen Bundes, also von 1815 bis zu den Unruhen 1848. Das Biedermeier war oder erschien wenigstens im Rückblick als gute alte Zeit der Ruhe und Behaglichkeit nach dem Aufschwung der napoleonischen Befreiungskriege, als Idylle hoher häuslicher Kultur bei gleichzeitiger politischer Abdankung der nichtadligen Schichten, deren Opfersinn im Krieg gegen Napoleon aufgerufen worden war. Die Kriegsgeneration, die sich in allen großen Kriegen vornimmt, in der Heimat Wandel zu schaffen nach dem Siege, paßte sich, wie immer, auch hier dem Status quo der Heimat an. Aber es blieb die Unzufriedenheit der Jüngeren, der Literaten und der akademischen Jugend. Nur wenige schritten zur politischen Tat, aber viele distanzierten sich von der sie umgebenden Gesellschaft. Gegen den Bürgersmann der Zeit wurde der Begriff des Philisters gerichtet, der bis heute als Spießer weiterlebt. Der Philister ist der zufriedene Bourgeois, der seiner Familie und dem Erwerbe lebt, an den öffentlichen Angelegenheiten so wenig teilnimmt wie an den Überschwängen der Poesie und der Spekulation. Dem heutigen Blick würden viele der damaligen Antiphilister selbst philiströs erscheinen – mit den altdeutschen Bärten und nationalen Gesängen, der Verachtung feinerer Lebensart; das Biedermeier hingegen hatte nicht bloß die deutsche Klassik rezipiert, sich der großen Musik pfleglich angenommen, es bewahrte auch nicht weniges von Sitte und Gesinnung des 18. Jahrhunderts. Es war liberaler und weniger fromm, als wir heute meinen. Ein gut Teil der Jungtürken aus dem Anfang des Biedermeier integrierte sich später auch der bekämpften bürgerlichen Welt und amalgamierte seine altdeutsch romantisch-nationalen Ideale mit der biedermeierlichen Behäbigkeit.

Zur gleichen Zeit entstand eine andere Art von Opposition gegen die etablierten Zustände und die Spießer, die sie ertrugen. Der moderne Intellektuelle, eine nicht weniger prinzipielle Gegenfigur zum deutschen Michel als der entschlossene Tatmensch, trat auf den Plan. Seine Aufgabe war die Kritik, die Verneinung seine Pflicht. Seit dem Biedermeier hat es ein Einvernehmen zwischen dem Bürgertum und der Herrschaft, mit der es sich abfand oder der es zustimmte, und dem «Geist» nicht mehr gegeben. «Spießig» ist das Urteil über die Tugenden und Laster des kleinen Bürgertums geblieben. Dem Michel haben die Attacken nichts anhaben können.

Im Michel mögen sich die Deutschen sehen, aber niemand sonst sieht sie in ihm. Als Individuen gelten die Deutschen vielleicht als gutmütig und naiv, in der Menge nicht. Auch ohne alle politischen Affekte gegen Deutschland aus dem ersten und zweiten Krieg erkennt niemand die Deutschen als Biedermänner und Biedermeier. Wenn auch ihr eigenes Lebensgefühl das industrielle Zeitalter dementiert, ihre Umwelt sieht sie seit hundert Jahren darin, und schon darum nicht harmlos oder nur behaglich. Die Umwelt sieht auch nicht nur den geschönten Mittelstand, den der Michel in seinen besseren Augenblicken vertritt, sondern politische, militärische, intellektuelle Tatbestände, die im Bild des Michel verdrängt sind.

Daß die Deutschen sich im Michel erkennen, einer Figur, die das Wesentliche ihrer Realität nicht enthält, hat vielleicht darin seinen Grund, daß die Deutschen sich nicht an einer Oberschicht orientieren können. Sie hatten unzählige Dynastien und haben noch immer eine zahlreiche Aristokratie, eine gut entwickelte Finanz- und Wirtschaftswelt, Gelehrte und Künstler vom höchsten Rang und allgemeiner Reputation. Alle diese Gruppen gehören zur Oberschicht, doch sie bilden keine. Sie hatten und haben weniger Verbindung als in anderen Ländern und treten auch nicht als gesellschaftlich führende Schicht auf. Sie haben keine gemeinsamen Codices des Umgangs, der Moral, und sie setzen keinen gemeinsamen Maßstab. Das hat Konsequenzen auch für das Urteil der Völker über Deutschland. Als noch nicht ganze Völker auf Reisen gingen, pflegten sie sich nach ihren führenden Schichten zu beurteilen, von denen sie noch am ehesten erfuhren. Da war es dann für die Franzosen und später für die Engländer vortrefflich, daß die Mitglieder ihrer Oberschicht sich durch mindestens zwei von drei Eigenschaften legitimierten – reich waren, gebildet, von hoher Geburt. Manches Gasthaus in Deutschland heißt noch heute «Zum Lord» und bezeugt die Bewunderung, die ein Reisender erweckte. Als Madame de Staël 1803/04 Weimar und Berlin besuchte, stand die intellektuelle Welt Deutschlands, damals die glanzvollste der Erde, befangen vor ihrem Geist, ihrem Reichtum, ihrer Weltläufigkeit. In Deutschland waren die intellektuelle, die gesellschaftliche und die finanzielle Oberschicht fast nie miteinander identisch. Der Gelehrte erschien den

Fremden oft arm und weltfremd, der Adel ungebildet, die Industriewelt ungeschliffen. – Heute, im Zeitalter des Massentourismus, gleicht sich das Bild der Völker einander an; denn im Mittelstand begegnen sie sich. Die Deutschen an der Costa Brava entdecken, daß die Engländer keine feinen Leute sind; sie erfahren, daß Eleganz und Höflichkeit der Franzosen in der Welt anders aussehen als in der Vorstellung. Es erleichtert sie, daß sich die Völker auf einem ähnlichen Niveau von Reichtum, Bildung, feiner Sitte treffen.

Aber Grundbegriffe und Schlüsselwörter, Portraits und Selbstportraits ergeben keinen Nationalcharakter. Die Welt glaubte, den Charakter der Juden zu kennen, eines Volkes von hohem Familiensinn, fester Anhänglichkeit an die überlieferte Religion, spezifisch intellektueller Veranlagung, Talent und Hang zum Geldverdienen. «Ein christlicher Bankier kommt mir vor wie ein jüdischer General», sagte der Berliner Bankier Fürstenberg um die Jahrhundertwende. Heute hat sich die Welt an jüdische Generale gewöhnt und einen Nationalcharakter Israels, der dem der Juden aus dem Alten Testament gleicht, der zweitausend Jahre verschüttet schien. Zum Nationalcharakter gehören eine gemeinsame Geschichte, ein gemeinsames nationales Bewußtsein, gemeinsame Institutionen und, vielleicht, ein gemeinsames Land. Es ist kein sozialpsychologischer, es ist ein politischer Begriff.

Deutsche Geschichte

Die Deutschen haben kein gemeinsames Geschichtsbewußtsein. In allen Völkern gibt es zwar
einander widersprechende Traditionen – der Süden
der Vereinigten Staaten denkt über Lincoln anders
als der Norden, die Französische Revolution hat in
Frankreich noch heute prinzipielle Gegner und ja-
kobinisch gestimmte Anhänger. Aber in allen Nationen gibt es eine Übereinstimmung über die großen Helden, die großen Taten der Geschichte und
einen Konsens über die Unwiderruflichkeit der großen historischen Entscheidungen. Deutschland ist
sich nicht einig über seine Geschichte, über Helden
und große Taten, wohl aber über den großen
Schurken seiner Vergangenheit.

Frankreich nimmt Karl den Großen in Anspruch,
inspiriert sich an der Jungfrau von Orléans, die
Größe Ludwigs XIV. und sein goldenes Zeitalter
sind ihm gegenwärtig und unzweifelhaft. Die Engländer erkennen ihr goldenes Zeitalter in der Zeit
der ersten Elisabeth; ihr Geschichtsbild umfaßt un-
umstritten den Sieg über Napoleon, die Gründung
des Weltreichs und die Weisheit seiner Verfassung.
Auch die Spanier und die Portugiesen kennen den
Höhepunkt ihrer Geschichte und begeistern sich

daran: eine Zeit äußerer Macht und der Blüte ihrer Zivilisation, ihre perikleische Epoche.

Die Amerikaner, die als Massendemokratie solch ein goldenes Zeitalter nicht haben können – Macht und Geist kommunizieren kaum, der Machthaber braucht nicht die Kunst zu seinem Ruhm, der Künstler nicht die Macht zu seiner Erhaltung –, haben doch ein heroisches Zeitalter, das die Mythen und Legenden liefert: der Kampf um die Unabhängigkeit, die Eroberung des Landes bis zum westlichen Ozean.

Das Geschichtsbewußtsein der Sowjetbürger hatte doch einen Fixpunkt in der großen Oktoberrevolution; die Italiener schließlich, immer nur politisch entzweit und im Schutz natürlicher Grenzen, können aus der Antike, Dante und der Renaissance und schließlich Garibaldi leicht eine gemeinsame Überzeugung der Identität Italiens gewinnen.

Unter Deutschen besteht keine Klarheit, was legitim als Gang der Geschichte Deutschlands gelten soll. Selbst die Nationalsozialisten waren sich nicht einig, ob Karl der Große ins Pantheon gehöre oder nicht vielmehr sein Gegner, der Sachsenherzog Widukind, ob Herzog Heinrich der Löwe recht hatte, nach Ostland zu reiten, oder nicht vielmehr die Staufenkaiser, nach Italien zu ziehen. Ein katholischer Süddeutscher wird Kaiser Karl V. für eine zentrale Gestalt der deutschen Geschichte halten, seinem Landsmann weiter nördlich kommt er «nicht-deutsch», landfremd, spanisch vor. Friedrich der Große hat seine Parteigänger ebenso wie seine große Feindin, die Kaiserin Maria Theresia. Der Dichter Heinrich von Kleist hielt Napoleon für den Erzfeind aller Deutschen, und viele Deutsche dachten genauso; der Dichter Johann Peter Hebel aber beurteilte Napoleon und seine Invasion eher positiv, und viele Deutsche dachten wie er. Bismarck einigte die Deutschen zwar, aber bis heute sind sie nicht einig über ihn. Aus lauter Antithesen läßt sich kein Geschichtsbild malen, die Deutschen haben keines oder mehrere, was auf dasselbe hinausläuft. Es gab Augenblicke rauschhaften, unbedingten Einverständnisses der Deutschen – in der Revolution von 1848, im August 1914, nach dem Münchner Abkommen 1938, aber sie sind historisch folgenlos geblieben.

Haben die Deutschen auch keinen Helden, so haben sie doch einen unzweifelhaften Schurken, den absolut Bösen ihrer Geschichte: Adolf Hitler. Alles in der deutschen Geschichte ist umstritten, zweifelhaft, ungewiß, nur über Hitler besteht Klarheit, Sicherheit, Einigkeit. Seit 1945 haben die Deutschen statt gemeinsamer Geschichte und Geschichtsbewußtsein die Bewältigung der Vergangenheit. Sie eint Katholiken und Evangelische, Bayern und Preußen, ehemalige Mitläufer und ehemalige Verfolgte. Allerdings reicht die Bewältigung der Vergangenheit nur für eine, höchstens zwei Generationen, die jüngeren Leute werden schon unruhig und fragen wieder, was Deutschland ist oder ob Europa kommt.

Das große Zeitalter der Deutschen sind die fünf Jahrzehnte von 1780 bis 1830, die die «Klassik» der deutschen Literatur brachten, die romantische Schule, die Blüte der Philosophie. Es genügt, die Namen Kant, Hegel, Schelling, Fichte, Hamann, Schopenhauer zu nennen; Goethe, Schiller, Herder, Wieland, Kleist, Hölderlin, Novalis, Jean Paul, die Brüder Schlegel, Arnim und Brentano, Tieck, Heine, E. T. A. Hoffmann, Eichendorff – fast der ganze Kanon der großen Literatur Deutschlands, mit Lessing und Klopstock beginnend, stammt aus dieser Zeit. Es war auch die Zeit freier gesellschaftlicher Kultur der Deutschen. Rahel Varnhagen unterhält in Berlin einen politisch-literarischen Salon, die ersten großen Schriftstellerinnen und Künstlerinnen Deutschlands treten auf. Das Bildungswesen (mit den Reformen Humboldts), die Wissenschaften nehmen einen großen Anfang – mit dem Mathematiker Gaus, dem Astronomen Fraunhofer, dem Geographen Ritter, den Historikern Ranke, Niebuhr, Müller, den Philologen Grimm, Bopp, Hermann, den Naturwissenschaftlern Ohm, Wöhler, Liebig, Baer, den Juristen Savigny und Feuerbach, dem Theologen Schleiermacher. Das deutsche Publikum selbst hat die Empfindung, im Laufe weniger Jahre nicht nur dem überlegenen Einfluß der englischen und französischen Kultur entronnen zu sein, sondern in einem unerhörten Aufschwung der Künste und Wissenschaften eine intellektuelle deutsche Zivilisation zu besitzen, die sich zudem nicht «national», sondern in weltbürgerlicher Absicht begreift; Goethe prägt das Wort Weltliteratur.

Zur gleichen Zeit – der Zeit auch der Wiederentdeckung Bachs, der Zeit Mozarts, Beethovens, Schuberts, Mendelssohns, C. M. v. Webers – liegt Deutschland politisch darnieder wie kaum je in seiner Geschichte. Das Reich ist zu Ende, die Landesfürsten feilschen um Entschädigungen und Kirchengüter und antichambrieren bei Napoleon, Preußen erlebt eine schwere militärische und moralische Niederlage, Österreich allein kann den Kampf nicht bestehen. Aber der deutsche Geist kohobiert seine Eigentümlichkeit und blüht. Das Kriegsglück wendet sich, statt französischer trifft russische Besetzung ein, Preußen reformiert sich (gegen die Junker, mit Hilfe des nassauischen Freiherrn vom Stein, der Hannoveraner Hardenberg und Scharnhorst, des Sachsen Gneisenau); Österreich organisiert die europäische Diplomatie gegen Napoleon (mit Hilfe des Rheinländers Metternich und des Preußen Gentz), die Fürsten rufen die Völker zum Kampf und geloben das, was man heute Liberalisierung nennen würde; die Völker kämpfen, Napoleon fällt. Der deutsche Geist, hauptsächlich in Weimar und Berlin versammelt – die Musik domiziliert in Wien –, blüht weiter, teils nimmt er an den Ereignissen teil, teils aber auch gar nicht. Die Fürsten vergessen ihr gegebenes Wort, restaurieren Europa und sich selbst, sorgen für Ordnung und Ruhe und Zensur. Der deutsche Geist blüht immer noch.

Das ist Deutschlands große Zeit. Ohne alle Politik, gegen alle Politik hatte Deutschland mit einemmal eine eigene literarische Kultur, einen Konsens der philosophischen, literarischen Bildung. Es war die Zeit, in der jedermann in Deutschland gut deutsch schrieb – kräftig, klar, natürlich, mit sicherem Geschmack, zuweilen mit Eleganz. Das gilt für Ärzte wie Jung-Stilling, Carus und Hufeland, für umstürzlerische Köpfe wie Seume, Forster, Büchner ebenso wie für Reaktionäre wie Marwitz oder Gentz, für Soldaten wie Clausewitz, für Deutschnationale wie Arndt und den Turnvater Jahn, ja selbst für Gelehrte und Professoren. Wie viele Briefe an Goethe anschaulich machen, wußten einfache, ungebildete Leute sich so leicht, verständig-unprätentiös auszudrücken, daß es heute Bewunderung erregt.

Das kulturelle Selbstbewußtsein der Deutschen stützt sich auf diese Epoche, wie ihre Sehnsucht sich unausgesprochen am Biedermeier orientiert; aber ein politisches Bewußtsein, das die Deutschen einigt, hat ihre große Zeit nicht begründet. Im Vergleich zu den Nachbarn im Westen ist auch die Gemeinsamkeit ihrer Bildung sehr jungen Datums.

Für die Italiener stellte Dante und die Renaissance die ersten wichtigsten Teile des der nationalen Bildung zugrunde liegenden Kanons. Für die Engländer sind es Shakespeare und seine Zeit, für die Franzosen die großen Autoren des 17. Jahrhunderts. Die Deutschen liegen demgegenüber Jahrhunderte zurück. Die mittelhochdeutsche Literatur war vergessen, ist auch heute bloße Schullektüre, dem Publikum eher durch Wagners Opern gegenwärtig; die Lutherbibel und das Evangelische Gesangbuch, die ersten großen Meisterwerke der neuhochdeutschen Sprache, blieben im katholischen Deutschland ohne unmittelbare Wirkung, die Literatur des Barock – darunter ein so unmittelbar «deutsch» anmutendes Buch wie Grimmelshausens «Simplicissimus» – wurde nicht Bestandteil allgemeiner Bildung, sondern blieb von dem übermächtigen Einfluß fremder, zu höchster Vollendung bereits ausgebildeter Literatur überschattet. Eine die regionalen, konfessionellen Teilungen Deutschlands überwölbende nationale Bildung gibt es erst seit dem Anfang des 19. Jahrhunderts.

Die drei Bücher, auf die man sich unter Deutschen unbedenklich berufen kann, aus denen man zitieren darf, sind Goethes «Faust», die Märchen der Brüder Grimm und der «Struwwelpeter» des Frankfurter Arztes Dr. Heinrich Hoffmann, 1847 erschienen. Noch bis in die ersten Jahrzehnte unseres Jahrhunderts gehörte auch Schillers «Lied von der Glocke» zum Minimum deutscher Bildung. Jedermann hatte das Gedicht auswendig* gelernt. Heute wird die kunstvolle Schilderung der bürgerlichen Existenz von den Großen belächelt und die Kleinen nicht mehr gelehrt.

Der «Struwwelpeter», ein Werk ohne literarisches Verdienst, das die Kinder die ersten Tugenden lehrt – «Und vor allem, Konrad, hör! – lutsche nicht am Daumen mehr» –, enthält ein Kapitel für Rassentoleranz; aber am Struwwelpeter liegt es natürlich nicht, daß die Deutschen – vom allgemeinen Fremdenhaß abgesehen, wie man ihn in kleinen Städten, auf dem platten Lande wie überhaupt in allzu festgefügten Gesellschaften findet – wenig zum Rassenhaß neigen; ihr Verhältnis zu den Juden gehört nicht unter diese Überschrift, das war erst eine religiöse, dann eine soziale Frage.

Grimms Märchen, ein wichtigerer Bestandteil deutscher Erziehung, enthalten mehr moralischen Realismus, als neuere pädagogische Schulen den Kindern zumuten wollen. Es gibt viele Grausamkeiten und viel Bosheit, auch der Eltern gegen die Kinder, Intelligenz spielt nur als Schlauheit eine Rolle, aber ein gutes Herz und treuer Sinn erreichen genausoviel. Für diese uralten Geschichten, die auf

---

* Entgegen einer landläufigen deutschen Meinung ist «auswendig» besser als by heart oder par cœur, denn es ist nicht dabei gedacht, daß etwas mit der Tiefe des Gemüts erfaßt und festgehalten, sondern daß es mechanisch in wörtlicher Genauigkeit memoriert werde.

dem Lande mündlich überliefert und von den Brüdern Grimm nur aufgezeichnet wurden, ist es bemerkenswert, daß sie den, der dem Aberglauben nicht anhängt, über die Gespenster siegen lassen und daß sie – die soziale Ordnung, die Autorität der Eltern und der Obrigkeit prinzipiell nicht in Frage stellend – die Nichtbefolgung einer unrechten Weisung, die Verweigerung des verwerflichen Befehls als lobenswert und selbstverständlich richtig schildern.

Goethes «Faust» ist eine Bildungsgrundlage geblieben, auch nachdem der Versuch, den faustischen Menschen zum nationalen Symbol zu machen, mißlungen ist. Der Versuch, peinlich und komisch, wie er heute vom Leser des Stückes empfunden wird, ist nur einer von vielen nicht allzu erfolgreichen Versuchen einer nationalen Ideologie. Die Deutschen sind so faustisch wie die Engländer hamletisch (der nationalliberale Dichter Freiligrath meinte allerdings: Deutschland ist Hamlet!), wie die Spanier donquichottisch.

Ein nationales Bewußtsein der Deutschen bildet sich erst allmählich; selbst ihre gemeinsame Bildung ist kaum hundertfünfzig Jahre alt. Von der Bibel abgesehen, beginnt auch die große, ein breites Bildungspublikum erfassende Rezeption der Weltliteratur um 1800. Shakespeare wird heimisch in Deutschland durch die wunderbare Übersetzung der Schlegel-Tieck, die «Ilias» und die «Odyssee»

Homers im deutschen Hexameter von Johann Heinrich Voß. Von da ab waren die Deutschen unersättliche und für lange Zeit auch sehr gute Übersetzer, selbst aus den entlegensten Sprachen. Gegenüber den unzählig vielen erfolgreichen Eindeutschungen bleibt festzuhalten, daß weder Dante noch die französische Klassik, noch der Plutarch auf deutsch zu großer Wirkung kamen. Einige Verständigungsschwierigkeiten mit dem westlichen Bildungspublikum gehen darauf zurück.

Zu den Inhalten eines nationalen Bewußtseins gehören auch gemeinsame Anschauungen über die fremden Völker, vor allem die Nachbarn. Eine solche auch nur annähernde Gemeinsamkeit besteht unter Deutschen nicht. Jedenfalls ist die These falsch, daß es ein Gefälle von Haß, Verachtung und Furcht in östlicher Richtung gebe, und die Deutschen Teil dieses Gefälles seien. Es gibt zwar solche Züge durch die Nationen von Westen nach Osten, nicht nur den der Syphilis, die in Deutschland französische, in Osteuropa deutsche Krankheit heißt, aber einen durchgehenden Strom der Anziehung und Abstoßung gibt es nicht: eine generelle Hochachtung der Deutschen vor den Franzosen, einen allgemeinen Haß gegen die Russen hat die deutsche Geschichte nicht gekannt.

Für den deutschen Bildungsreisenden war Italien immer bevorzugtes Ziel, von Dürer bis Goethe, und an seine Stelle ist heute der Tourist getreten; die

Liebe zu Italien verbindet sich oft mit der Unkenntnis der italienischen Zivilisation und einer milden Verachtung der Italiener beim breiten Publikum, das die Klugheit des zweimaligen Bündnisverrats der Italiener (1914 und 1943) nicht zu würdigen versteht; die Italiener und die Polen sind die einzigen Nachbarn der Deutschen, die ihnen nie imponiert haben. Das Vorurteil über Italien ist unter Deutschen sozial differenziert, die Gebildeten denken freundlicher, achtungsvoller als die Mehrheit.

Den Italienern, hauptsächlich aber den Franzosen gilt die Bezeichnung welsch (sie bedeutet ursprünglich keltisch, wie «deutsch» zum Volk gehörig, volksmäßig heißt). Die Bezeichnung ist heute ganz außer Gebrauch und war im 19. Jahrhundert, als im Gefolge der Romantik eine deutsche Nationalgesinnung gepflegt wurde, als kritische Absetzung des altdeutsch kernig-derben gegen das verzärtelte Dekadente des Westens, der aufrechten Geradheit gegen die höfliche Gleisnerei, eine Weile zu künstlichem Leben wiedererweckt. Zur Kennzeichnung deutscher Gesinnungen gegen die Franzosen trägt das Wort wenig bei. Dasselbe gilt für das Schlagwort von der deutsch-französischen Erbfeindschaft, das wenig mehr ist als eine Erfindung aus dem 19. Jahrhundert. Frankreich war, wenn man will, der Erbfeind des Hauses Habsburg. Zwischen diesen beiden Mächten wurde in der Neuzeit der Kampf um die Vorherrschaft in Europa geführt; der ganze westliche und nördliche Teil Deutschlands nahm dabei keineswegs für Österreich Partei, und Bayern fand zuweilen Schutz gegen die österreichische Übermacht im französischen Bündnis. Friedrich der Große war in seinen Kriegen zunächst mit Frankreich verbündet, dann mit England. Deutschland, noch in den Koalitionskriegen gegen die Französische Revolution, noch in den guten Tagen Napoleons in seinen Sympathien durchaus geteilt, fand sich erst in den Freiheitskriegen 1813 gegen Frankreich zusammen, 1871 freilich war Frankreich der Feind, 1914 zusammen mit England, das vielen Deutschen als der eigentliche Gegner galt, und zuletzt 1940. In diesem Krieg, an dessen Beginn keine Begeisterung des Volkes stand, die sich mit der von 1871 oder August 1914 nur entfernt hätte vergleichen lassen, wurde der Feldzug gegen Frankreich gleichsam nur inzidenter geführt und war kaum von Feindseligkeit getragen; die «Erbfeindschaft» war psychologisch schon überholt. Die süddeutschen und linksrheinischen Gebiete, ja selbst die, die unter französischem Expansionsdrang unter Ludwig XIV. und Napoleon am meisten zu leiden hatten, verhalten sich gegenüber Frankreich traditionell eher positiv. Das gilt besonders, seit französischer Einfluß im Westen Deutschlands eine liberale Überlieferung begründete; der Code Civil Napoleons ist im Rheinland noch heute subsidiär geltendes Recht. Die Erbfeindschaft Deutschland –

Frankreich wurde keine hundertfünfzig Jahre alt; eine einige deutsche Nationalgesinnung gegen die Franzosen gibt es nicht. Die deutsch-französischen Konflikte der Vergangenheit sind übrigens weniger erstaunlich, als es dem geläuterten Blick des Nachkriegsdeutschen scheinen mag. Freundschaft unter Nachbarn ist in der Politik nicht die Regel gewesen – und wen sollen denn Landmächte bekriegen, wenn nicht ihren Nachbarn? Mit ihm können sie sich entzweien – über ein Territorium, über Macht und Vormacht.

Ebensowenig wie einen einheitlichen anti-französischen kennt das Bewußtsein der Deutschen einen allgemeinen anti-englischen Affekt. Im Gegenteil, die innere Teilung Deutschlands offenbart sich auch darin, daß England und Frankreich in der öffentlichen Meinung bis heute natürliche Verbündete haben. Der protestantische Norden, das Bildungsbürgertum der großen Städte, die liberale Presse bevorzugt traditionell englische Gesichtspunkte. Im Süden und im Westen, selbst auch in den protestantischen Gegenden, hat das gute Verhältnis zu Frankreich Vorrang.

Eine entschiedenere Animosität gab es nach Osten. Die preußischen Kolonisten waren von den Polen nicht nur durch Nationalität und Sprache, sondern auch durch die Konfession geschieden. Sie erschienen zudem als Eindringlinge und mußten sich durch Fleiß, Sparsamkeit und Zucht behaupten, ja sich durch Leistung moralisch legitimieren. Ihre großen Tugenden äußerten sich auch als Verachtung der Polen, deren lässigere Lebensart sie minderwertig dünkte; das einzige echte Schimpfwort für ein anderes Volk, das die Deutschen gebrauchten, hieß Polack. Aber auch die deutsch-polnische Antipathie ist nicht sehr alt und, im wesentlichen, Erbe der preußischen Germanisierungspolitik. Zwar hatten Herder und dann die deutsche Romantik den slawischen Volksgeist zum Bewußtsein seiner selbst gebracht, aber noch im Paulskirchen-Parlament war kein deutsches Nationalgefühl formuliert, das die Diskussion der Frage ausgeschlossen hätte, was mit Polen und Böhmen im deutschen Nationalstaat geschehen sollte. Damals waren zwar die Ressentiments der Slawen gegen die Deutschen literarisch ausgedrückt, aber der deutsch-polnische Gegensatz erhielt seine bis heute nachwirkende Schärfe erst im Bismarckreich, das sich bemühte, die von Polen bewohnten preußischen Gebiete zu stabilisieren. Österreich zwar trieb in seinem Teil Polens keine planmäßige Germanisierungspolitik, wäre auch dazu nicht in der Lage gewesen, hatte aber dafür die Möglichkeit, die vielen nichtdeutschen Volksgruppen seines Reiches gegeneinander zu balancieren. Die Polen neigen darum bis heute dazu, aus ihren Erfahrungen den Nationalsozialismus für ein preußisches Produkt zu halten.

Für die insgesamt geringe Festigkeit eines sich formierenden deutschen Nationalbewußtseins ist es charakteristisch, daß selbst in der klassischen Zeit des europäischen Nationalismus in der zweiten Hälfte des vorigen Jahrhunderts bis zum Ersten Weltkrieg kaum Assimilierungszwang gegen die fremden Minderheiten in Deutschland stattfand, nicht gegen die Sorben im Spreewald, die Dänen in Schleswig, die Polen im Ruhrgebiet, die Kroaten in der Pfalz, die Slowenen im Rheinland; die Réfugiés, französische Protestanten, die nach der Aufhebung des Edikts von Nantes 1685 in Hessen und vor allem in Preußen Aufnahme gefunden hatten, konnten weiterhin ihre Tradition und Sprache pflegen, ihre Prediger predigten noch französisch, als sich die Dynastie Hannover–Coburg in Windsor umbenannte und Beethoven in Frankreich unerwünscht war.

Die Verspätung Deutschlands gegenüber seinen westlichen Nachbarn, was gemeinsame Bildung, Nationalbewußtsein und Nationalstaat angeht, ist nach dem Zweiten Weltkrieg unter dem Stichwort «die verspätete Nation» (Plessner) in ein System gebracht worden; bemerkt worden war sie schon viel früher. So heißt es 1871 beim schweizerischen Dichter C. F. Meyer in «Huttens letzte Tage»:

Geduld! Was langsam reift, das altert spat!
Wann andere welken, werden wir ein Staat!

66

Das steht im Abschnitt «Deutsche Libertät», worin Meyer beklagt, daß die Deutschen unter Libertät nicht Freiheit, sondern ständische Privilegien verstehen, das Recht, das einzelne Interesse auch auf Kosten des gemeinen Wohls zu behaupten – die deutsche Libertät hat für die Freiheit in Deutschland Folgen bis auf den heutigen Tag.

Deutschland ist als Nationalstaat verspätet; aber die oft angestellte Überlegung, Deutschland habe die Urerlebnisse, die ein Volk brauche, um Nation zu werden, nicht gehabt, zu spät erfahren oder nicht genügend erlitten, ist durch historische Daten kaum zu stützen. Deutschland, heißt es, habe nie Revolution und Bürgerkrieg kennengelernt. Nun war die Reformation Luthers zwar keine Revolution im sozialen Sinne, aber doch in beinahe jedem anderen. Der Bauernaufstand zur Reformationszeit war der erste große Versuch einer sozialen Revolution in Europa. In den großen Städten des ausgehenden Mittelalters hatten die Zünfte, in oft heftiger Auseinandersetzung, die Herrschaft des Patriziats (außer in den wenigen Fällen, wo die Stadt vom Großhandel lebte, so etwa in Köln) durch ihre eigene Herrschaft abgelöst. Deutschland war an den europäischen Revolutionen 1830 und 1848 stärker beteiligt als jedes europäische Land außer Frankreich und Belgien. Und unter Kriegen der Deutschen untereinander hat Deutschland mehr gelitten als irgendein Volk.

Das Räsonnement über Bürgerkrieg und Revolution als Ingredienz eines Nationalstaates oder auch einer Demokratie übersieht, daß auch Spanien und Italien nicht mit Revolutionen Nation wurden, daß die skandinavischen Völker sich ohne Revolutionen zu demokratischen Nationen entwickelten, daß die amerikanische Revolution primär Unabhängigkeitskrieg war und nicht politisch-soziale Umwälzung, aber vor allem: daß nicht die Revolution dem nationalen Bewußtsein, der Bildung der Nation vorhergeht, sondern umgekehrt. Die große Revolution setzt das politische Selbstbewußtsein des Volkes voraus, mindestens das nationale Bewußtsein einer handlungsfähigen politischen Klasse. Warum waren die Umstürze 1830 und 1848 in Frankreich und Belgien auf Dauer erfolgreich, in Deutschland nicht? Neben den Gründen unterschiedlicher sozialer Verfassung wird meistens gesagt: es habe an der Indolenz des deutschen Bürgers, an der Untertanengesinnung der Deutschen gelegen. Diese Trägheit, dieser Untertanengeist ist aber nur ein anderes Wort für den Mangel an Selbstbewußtsein, an Nationalbewußtsein. Zudem: für die Revolution Frankreichs genügt die Revolution in Paris, zu einer deutschen Revolution 1850 gehört der Umsturz in Berlin und Wien, München und Dresden, Stuttgart und Hannover. Wenigstens Wien und Berlin mußten gleichzeitig in die Hand der Revolutionäre gebracht werden, um in Deutschland Erfolg zu haben.

Trotz dieser Schwierigkeit wäre die Revolution beinahe gelungen. Sie scheiterte hauptsächlich an ihrem Parlament, der erhabenen und gelehrten Nationalversammlung in Frankfurt. Die dort versammelten, ausgezeichneten Männer wollten die Einheit, aber sie hatten keine Macht; um gegen die Fürsten Macht zu erlangen, hätten sie die Revolution fortsetzen müssen. Aber Revolution und Blutvergießen wollten sie nicht, sie blieben ohne Macht und Deutschland ohne Einheit. Erst 1918, in einem schon geeinten deutschen Staat, gelang eine Revolution; gelang, wie Revolutionen gelingen – es blieb bei weitem nicht alles, was sie wollte, aber die Wiederherstellung der früheren Lage war ausgeschlossen.

Gegenüber dem freien ritterlichen und bürgerlichen Leben des Mittelalters fällt seit dem Dreißigjährigen Krieg ein Mangel an Spontaneität der Gesellschaft in Deutschland auf; der Absolutismus der Duodezfürsten hat diesen Mangel offensichtlich noch gefördert. Zwar entfaltete sich in den vielen Residenzen ein geselliges Leben, für die Entwicklung der Musik und der darstellenden Künste häufig von Wert, es schloß auch Bürgertum mit ein; aber zweifellos war die Vielzahl der Obrigkeiten, die jeweils kleine Bereiche überblicken konnten, die überlieferte ständische Gliederung im ganzen, gesellschaftlicher Spontaneität hinderlich. Die lutherische Lehre von dem Amt, in das ein jeder gestellt ist und das er nur getreulich zu besorgen hat, mag ein übriges getan haben. Und in den geistlichen Fürstentümern, in denen weltliche und geistliche Obrigkeit identisch war, herrschte Windstille, nicht anders als im Kirchenstaat. Jedenfalls ist, bei aller gelegentlichen intellektuellen und literarischen Bewegung, fremden Beobachtern der Mangel an gesellschaftlicher Aktionsfähigkeit aufgefallen. Berühmtestes Zeugnis dafür ist die Antwort Napoleons auf die Anfrage seines Marschalls Davout zur Sicherheit der durchziehenden französischen Truppen in Deutschland. Napoleon meinte, daß im Gegensatz zu den verhetzten Spaniern die Deutschen nicht einen seiner Soldaten aus eigenem Entschluß, ohne Anordnung der Behörde, angegriffen hätten; der zeitgenössische Publizist Joseph Görres läßt den endlich Besiegten in der satirischen «Proklamation Napoleons vor der Abreise nach Elba» von der «süßen, rosenroten Galle des deutschen Lammesvolkes» sprechen. Das preußische Landsturmedikt von 1813 versuchte zwar die unmittelbare selbständige Aktion von Teilen des Volkes gegen den Eroberer zu organisieren; der gefährliche Versuch wurde aber rasch wieder fallengelassen und vergessen. Es gab beherzte Taten auf sich allein gestellter Männer: des Generals Yorck bei Tauroggen, des Majors Schill, des Bauernführers Andreas Hofer (der Tiroler kämpfte ebensosehr gegen die französischen wie gegen die bayerischen Ansprüche). Die allgemeine

Anschauung der Fügsamkeit der Deutschen ist nicht erschüttert worden.

Die den Deutschen nachgesagten Eigenschaften der Maßlosigkeit, des Selbstmitleids, des Untertanengeists, der Neigung zum Verrat sind das Bild einer objektiven Lage. Mit der Lage verändert sich auch das Bild.

Protestanten und Katholiken

Deutschland ist ein christliches Land. Zwar bekennt nur eine kleine Minderheit der Evangelischen, die auch in den alten Bundesländern noch die Mehrheitsreligion stellen (über 50 Prozent gegenüber fast zwei Dritteln im ungeteilten Deutschland), ihren Glauben durch regelmäßige Teilnahme an Wort und Sakrament; der Kirchenbesuch schwankt zwischen drei und zehn Prozent. Zwar sind auch unter den Katholiken, die 45 Prozent der Bevölkerung im Westen bilden, weit weniger als die Hälfte als praktizierend anzusehen. Aber das ganze Land ist institutionell christlich, die deutsche Zivilisation ist christlich geprägt. Noch immer ist die christliche Tradition die stärkste und der Einfluß der Kirchen, auf das private Leben im Rückgang, im öffentlichen Leben mächtig und unangreifbar.

Alle Feiertage der Deutschen, mit Ausnahme des 3. Oktober und des 1. Mai, sind christliche Feiertage, und die Deutschen sind traditionell ein feiertagsfreudiges Volk: sie feiern, anders als viele Völker des christlichen Erdkreises, einen zweiten Weihnachts-, Oster- und Pfingsttag. Gesetzliche Feiertage sind Karfreitag und Christi Himmelfahrt, der Fronleichnam der Katholiken, der Buß- und Bettag der Protestanten. Andere Feste, wie Epiphanias am 6. Januar und der Reformationstag, sind zwar nicht durchweg allgemeine öffentliche Ruhetage, werden aber von öffentlichen Schulen respektiert; die Stadt Augsburg hat das Privileg eines eigenen Feiertags, das Friedensfest am 8. August zur Erinnerung an den Westfälischen Frieden 1648, der die Glaubenskämpfe beendete und den Augsburger Protestanten ihre Rechte wiedergab. All diese Feiertage werden öffentlich «begangen»; es nehmen nicht nur die Kirchen kultische Handlungen vor, bestimmte, mit dem Charakter des Feiertags unvereinbare Lustbarkeiten werden untersagt, vereinbare gefördert, die Rundfunkanstalten gestalten entsprechend ihre Programme. Alle deutschen Kinder feiern den Nikolaustag und mindestens die katholischen Sankt Martin. Im Gegensatz zu fast allen Völkern gibt es für deutsche Kinder und Erwachsene nicht ein einziges Fest, das nicht christlichen Ursprungs oder christlicher Tradition wäre; der 3. Oktober ist kein Fest, sondern ein Besinnungstag.

Die christliche Religion ist im Schulwesen institutionell garantiert, die Kirchen unterhalten zahlreiche höhere Schulen, in den Bekenntnisschulen haben sie beherrschenden Einfluß, und für alle öffentlichen Schulen – die meisten sind christliche Gemeinschaftsschulen – ist der Religionsunterricht als ordentliches Lehrfach verfassungsrechtlich «verankert» und wird entweder von Geistlichen oder unter der Obhut der Geistlichkeit von Religionslehrern mit entsprechender Fakultas oder Missio canonica erteilt. An den weitaus meisten Universitäten bestehen theologische Fakultäten, auf deren Besetzung die Kirchenleitungen Einfluß haben. Unübersehbar ist die Zahl der caritativen Anstalten der Kirchen, Krankenhäuser, Altersheime, Kindergärten; sie betreiben eigene Büchereien und Bildungsstätten für Erwachsene.

Daß der Sonntag ein christlicher Feiertag ist, merkt auch der säumige Protestant oder Katholik am Rundfunk. Die Kirchen haben allsonntäglich ihre gottesdienstlichen Sendungen, und sie sind bei einigen Anstalten von Gesetzes wegen von der Programmverantwortung der Anstalt selbst eximiert.

Weit über ihre eigenen Institutionen und über ihre eigene Publizistik hinaus sind die Konfessionen in Deutschland allenthalben präsent. Ihre Organisation und Bürokratie überragt jede andere gesellschaftliche bei weitem und ist nur mit der des Staates zu vergleichen. Ihre zahllosen überkommenen Rechte, von manchen Steuerfreiheiten bis zum Glockenläuten, sind exakt fixiert und werden vom Staat peinlich genau respektiert. Der «Öffentlichkeitsanspruch» der Kirchen ist unbestritten. Die traditionell ausgezeichnete Stellung der Kirchen in Deutschland ist in der Bundesrepublik, deren Gründer kein starkes Staatsbewußtsein hatten, sondern selber den Affekt gegen Staatlichkeit nährten, so weit ausgebaut worden, wie es die Verfassung eines prinzipiell säkularisierten Staates und ein in Konfessionen geteiltes Volk noch zuließen. Schließlich schien sogar, durch Staats- und Kirchenpraxis in den ersten zwei Jahrzehnten nach dem Kriege gedeckt, auch in der Theorie das sogenannte Koordinationsprinzip zur deutschen herrschenden Lehre zu werden, wonach die Kirchen überhaupt als dem Staat gleichberechtigte Gebietskörperschaften betrachtet werden, doch wurde diese Lehre vom Bundesverfassungsgericht durch eine Reihe von Entscheidungen im Kirchensteuerrecht 1965 der Sache nach desavouiert.

Freilich ist diese irdische Stellung der Kirchen, die rechtliche Stützung der christlichen Religion mit ihrem Heilsauftrag verknüpft und damit, daß die Deutschen noch Christen sein wollen und jedenfalls nicht Nichtchristen oder Atheisten. Tatsächlich ist auch die kleine Minderheit der religiösen Aktivisten in absoluten Zahlen bedeutend. Selbst wenn unter fünf Prozent der erwachsenen Deutschen sonntags zur Messe, zum Gottesdienst gehen, so sind das in der Bundesrepublik mehr als zwei Millionen, und keine andere Institution hat auch nur eine annähernd gleich starke, gleich treue Gemeinde (das Publikum des Fernsehens kann dagegen nicht ins Feld geführt werden, weil es in der Passivität verbleibt). Auch die Nicht-Kirchengänger unter den Deutschen wollen nicht für Nichtchristen gelten. Sie bekunden, demoskopisch ausgehorcht, einen vagen Glauben an Gott und ein Jenseits, sie feiern wenigstens die hohen christlichen Feste als solche, sie lassen ihre Kinder taufen, konfirmieren oder firmen und lassen sich vom Pfarrer trauen und beerdigen; viele, die selber nicht mehr beten, halten es doch für recht, ihre Kinder beten zu lehren. Dieses Verhalten ist traditionelle Übung, bezweckt auch die Erhöhung der Höhepunkte des eigenen Lebens und wird in nicht wenigen Fällen durch soziale Kontrolle der Umwelt, Familie und Nachbarschaft erzwungen, aber es bleibt kennzeichnend, daß solche soziale Kontrolle besteht und daß die religiösen Inhalte so gut wie niemand abhalten, sich der religiösen Formen zu bedienen. Es gibt in Deutschland keine antichristliche Strömung von Gewicht und keinen antiklerikalen Affekt. Die Kirchen der Bundesrepublik haben keinen Feind*.

---

* Die Entideologisierung der deutschen Gesellschaft, die den Kirchen freilich selbst schadete, hat die letzten Reste antiklerikaler Grundstimmungen sozialistischer und liberaler Kreise aufgelöst; der Antiklerikalismus hatte in Deutschland als einem konfessionell geteilten Land mit katholischer Minderheit nie die gleiche Virulenz wie in katholischen Staaten des liberalen Zeitalters.

Was heute noch als Antiklerikalismus schattenhaft umgeht, ist ein (wenig verbreitetes) protestantisches Mißtrauen gegen den politischen Katholizismus, zum andern eine wenig grundsätzliche Kritik an der angeblich zu großen Macht der Kirchen im Bildungswesen. Eine Freidenker-Bewegung gibt es nicht. Die «Humanistische Union», ge-

Ob diese «Volkskirche» mit einem relativ kleinen Kern der Bekenner und einer großen Schar inaktiver Mitglieder einen Abbau der institutionellen Garantien überleben könnte, wird bezweifelt. Die stärkste psychologische Stütze für die Kirchenmitgliedschaft ist die, daß es mehr Mühe macht auszutreten (durch Erklärung gegenüber der staatlichen Obrigkeit), als einzutreten (durch die Taufe, also mittels Anmeldung durch die Eltern) und daß die Kirche sich im wesentlichen durch die Kirchensteuer erhält, die vom Staat eingezogen wird und für viele Lohnempfänger nicht als selbständiger Beitrag erscheint. Die Erfahrungen der Kirchen unter dem Nationalsozialismus können freilich auch die Annahme stützen, daß die Volkskirche doch widerstandsfähiger ist als der katakombensüchtige Teil fortschrittlicher evangelischer Theologen anerkennt. Die Austrittsbewegungen zu Anfang des Jahrhunderts und während der Wirtschaftskrise der

gründet zur Abwehr religiöser Herrschaftsansprüche und Verbreitung aufklärerischen Gedankenguts, ist eine Intellektuellenvereinigung geblieben, der die Kirchen gelegentlich die Art Reverenz erweisen, die einem Kauz oder Exoten in der Gesellschaft begegnet. Ein Versuch der Humanistischen Union, sich als Gegenüber der Kirchen zu verstehen und in solcher Position am Pluralismus teilzunehmen, müßte nicht nur mangels Masse scheitern, sondern vor allem deswegen, weil sie kein eigenes Interesse vertritt, eigene Ansprüche hat, sondern nur die Ansprüche anderer beschneiden oder in Frage stellen will: bloß negative Ziele legitimieren aber nicht als Partner des sozialen Prozesses.

zwanziger Jahre hatten mit dem Status der Volkskirche nichts zu tun, und überdies gibt es auch in
der Bundesrepublik eine sehr große Zahl von Leuten, die weder von der Kirche abhängig sind noch
unter dem Druck eines traditionsbewußten Milieus,
und die sich, von der progressiven Einkommen-
steuer und dem darauf ruhenden Zuschlag von acht
bis zwölf Prozent für die Kirche gequält, finanzielle
Erleichterung durch den Austritt verschaffen könnten, aber gar nicht daran denken, es zu tun. Sie wollen offenbar beides: Kirchenmitglieder bleiben und
nicht zur Kirche gehen.

Die rechtliche Verfestigung ihrer Position ist in
der Bundesrepublik bei der evangelischen Seite
nicht ganz freiwillig gewesen oder nicht auf energi-
sches eigenes Drängen geschehen. Sie wurde vom
Paritätsprinzip veranlaßt: die evangelische Kirche
übernahm ungeachtet mancher Fragwürdigkeit im
Angesicht ihrer eigenen Theologie den Habitus der
katholischen Kirche, bei der die Praxis durch Theologie und Kirchenrecht völlig gedeckt war. Die
rechtlichen Stabilisierungen der Kirchen sind nicht
nur dem hohen Ansehen zuzuschreiben, das sie als
fast einzige Institution nach dem Ende des Krieges
noch hatten, der Tatsache, daß sie in der Zeit, als eine deutsche politische Gewalt noch nicht wieder bestand, eine Art Vertretung der Deutschen übernehmen konnten. Es trat die Wirkung der CDU/CSU
hinzu, die das Christliche, das in der Politik so

schwer zu materialisieren ist, wenigstens durch Privilegierung der Kirchen bestätigen wollte. Es hatte auch politischen Sinn, unter Berufung auf das Subsidiaritätsprinzip staatliche Kompetenzen in der Kultur- und Bildungspolitik, auch der Wohlfahrt, an die Kirchen zu delegieren und sie damit der Disposition eines künftig vielleicht zur Macht gelangenden antichristlichen, unchristlichen Politikers zu entziehen. Derlei Befürchtungen waren unmittelbar nach dem Krieg plausibel. Bei all diesen Begünstigungen war eigentlich die katholische Kirche gemeint, die auch Tradition und Personal für dergleichen hatte, aber die evangelische Kirche mußte aus Paritätsgründen prinzipiell immer mitbedacht werden*.

Daß die Stellung der Kirchen im öffentlichen Leben im Vergleich zur ersten Nachkriegszeit ein we-

---

* In der Schulpolitik hieß die die Bekenntnisschule absichernde Formel zunächst «Elternrecht», das auch ins Programm der CDU und einige Verfassungstexte Eingang fand. Als sich herausstellte, daß die Eltern aber der Gemeinschaftsschule den Vorzug gaben, trat die Formel in den kirchlichen Verlautbarungen zurück und die Berufung auf die konkordatären Rechte in den Vordergrund. Die CDU blieb ihrem Programm (und ihren Wahlinteressen) treu und gab die Bekenntnisschule zugunsten der leistungsfähigeren Gemeinschaftsschule auf; daneben wurde die Möglichkeit konfessioneller, vom Staat bezahlter Privatschulen eröffnet: In den Schulstreitigkeiten 1965–1967 zeigte sich aber, daß die evangelische Kirche mit der Meinung ihrer Gläubigen und der öffentlichen Meinung die Rolle des Mitbegünstigten verweigerte; sie akzeptierte bereitwillig die aus Gründen der pädagogischen Effizienz herbeigeführte Änderung der staatlichen Schulpolitik.

nig reduziert werden würde, gehört zum Prozeß
der Normalisierung in der Bundesrepublik, die die
auffälligsten Besonderheiten der Nachkriegsent-
wicklung allmählich korrigiert, und entspricht
nicht nur dem ursprünglichen Selbstverständnis der
evangelischen Kirchen, sondern auch dem gewan-
delten, das die römische Kirche auf dem zweiten
Vaticanum verlautbarte. Trotzdem bleibt die Position der Kirchen in der Bundesrepublik außerordentlich – außerordentlich nicht nur im Verhältnis
zur staatlichen Gewalt und den gesellschaftlichen
Institutionen in der Bundesrepublik, sondern auch
im Verhältnis zur Stellung christlicher Kirchen in
anderen westlichen Ländern.

Die Trennung von Kirche und Staat, die mit der
Revolution 1918 Verfassungsprinzip wurde, bedeutet in Deutschland anderes als in den anderen Ländern ohne Staatskirche. Der Bund und seine Glied-
staaten sind nicht laizistisch, sondern schützen bei
im übrigen völlig freier Religionsausübung die
christliche Religion und ihre Einrichtungen.

Zwar würde es der deutschen Tradition wider-
sprechen, Sitzungen der Volksvertretung mit einem
Gebet zu eröffnen (wie es in den Vereinigten Staaten
geschieht), doch ist im übrigen die Verbindung von
kirchlicher und staatlicher Administration eng und
insbesondere der finanzielle Beitrag des Staates zum
Unterhalt der Kirchen völlig ohne Parallele in anderen Ländern.

Die öffentlich demonstrierte Frömmigkeit von Politikern kann in Deutschland auch unter der Herrschaft der CDU nicht als schicklich gelten; so selbstverständlich die Teilnahme von Staatspersonen an Gottesdiensten ist, so wenig denkbar wären die gemeinsamen Gebetssitzungen von Politikern und Geistlichen oder das öffentliche Vorbeten der Vertreter der drei Konfessionen bei politischen Banketten, wie es aus Amerika bekannt ist.

Die Trennung von Kirche und Staat bedeutet, daß kein staatliches Amt an die religiöse Qualifikation eines Bewerbers gebunden ist, daß niemandem die religiöse Beteuerung des Eides vorgeschrieben werden darf, daß der Staatsbürger keine Einbuße in seinen Rechten – etwa im Eherecht – dadurch erfährt, daß er einer bestimmten Kirche angehört. Die Trennung von Kirche und Staat ist also hauptsächlich ein Prinzip im Bereich der Grundrechte der Verfassung: die religiöse Überzeugung oder Zugehörigkeit soll für den Deutschen in seiner Eigenschaft als Staatsbürger keinen Unterschied begründen.

Im übrigen besteht selbstverständlich Trennung der kirchlichen und staatlichen Verwaltung und absolute Freiheit der Kirchen in ihren Angelegenheiten, aber nicht Trennung von Kirche und Staat, wie sie außerhalb der deutschen Grenzen verstanden wird. Der Staat gewährt den Kirchen Rechts- und Amtshilfe, treibt für sie Kirchensteuern ein, gewährt Zuschüsse zur Pfarrerbesoldung, zum Unterhalt kirchlicher Gebäude und übernimmt die Kosten zahlreicher kirchlicher Einrichtungen, wie Schulen, Krankenhäuser, Stätten der Erwachsenenbildung – entweder ganz oder zum größten Teil. Die Militärseelsorge in der Bundeswehr wird vom Staat bezahlt, aber sie bleibt – anders als in fremden Armeen – ganz unabhängig vom Staate. In alldem sehen die Deutschen nichts Bedenkliches, das doch in den USA und Frankreich den lebhaftesten politischen Kampf auslösen würde: die Kirchen sind eben kein Verein oder Verband wie andere oder «Religionsgesellschaft», wie die Weimarer Reichsverfassung sagte (ihre Religionsartikel wurden zwar ins Grundgesetz übernommen, Art. 140, bedeuten aber in ihm, das im Unterschied zur Reichsverfassung in der Präambel Gott anruft, nicht dasselbe), sondern ein Teil des deutschen Lebens, der schon da war, solange es eine deutsche Geschichte gibt und ohne den niemand sich die deutsche Zivilisation und Deutschland denken kann. Außerdem sind viele der Staatsleistungen Ablösung für die 1803 im Reichsdeputationshauptschluß den Kirchen verlorengegangenen Besitzungen, Rechte und Privilegien. Der deutsche Sinn für wohlerworbene Rechte, die tiefe Abneigung gegen die entschädigungslose Enteignung (die sich noch in der Republik zugunsten der Fürsten bewährte) kam auch den Kirchen zugute. Endlich werden die Schulen und caritativen Einrichtungen als soziale Dienste betrachtet, die dem Gemeinwesen zugute kommen und auch, wenn es die Kirchen nicht gäbe, bezahlt werden müßten. Eine Unzufriedenheit besteht nur gegen die Höhe der Kirchensteuer und die geringe Publizität der kirchlichen Finanzgebarung; daß die Kirchen vermögend sind, weiß ein jeder. Die gegenüber dem Klerus selbstbewußter gewordenen Kirchenmitglieder wünschen Aufschluß über Besitzstand, Einkünfte und Ausgaben.

Die Konfessionen lassen sich durch die Kirchen nicht beschreiben. Der Protestantismus ist fast ein selbständiges Phänomen gegenüber den evangelischen Kirchen, aber auch der deutsche Katholizismus kann durch die bloße Darstellung der kirchlichen Organisation, der katholischen Verbände, des eigentlich kirchlichen Bereichs überhaupt, nicht erfaßt werden.

Für den Teil des Protestantismus, der mit den Landeskirchen, der evangelischen Theologie und den Glaubenswahrheiten der reformatorischen Bekenntnisschriften nicht nur nichts mehr anfangen kann, sondern für den sie als Gegenstand des Interesses ausgeschieden sind, ohne daß sie in Frage gestellt oder bezweifelt würden, ist die Bezeichnung «Kulturprotestantismus» geprägt worden. Der neuen orthodoxen Theologie im Gefolge Karl Barths muß der Kulturprotestantismus als besonders bösartiger Abfall vom Glauben erscheinen, indes besteht er als undogmatische Haltung einer tragenden protestantischen Schicht fort. Der Protestantismus erscheint hier als Ausdruck freier Bildung und selbst als Bildungselement und statuiert einen Kodex gesellschaftlicher Moral, der weniger auf die Höllenstrafen als auf Einsicht und Vernunft Bezug nimmt.

Der durchschnittliche Protestant, auch der Kirchgänger, kennt nicht den Namen seines Landesbischofs. Der ist eine Figur am Rande seiner Existenz. Die kirchliche Organisation ist ihm ziemlich gleichgültig und meist auch der Status confessionis seiner Gemeinde- oder Landeskirche, lutherisch, reformiert oder, als vom Preußenkönig Friedrich Wilhelm III. erfundene Mischung, uniert. Zwar erzwingt das Paritätsprinzip bei den Massenmedien auch für den evangelischen Teil die Darstellung von Oberhirten, verschafft Synoden und dergleichen Publizität, doch ohne nachhaltige Wirkung. Der gläubige Protestant lebt in seiner Gemeinde, Bibel und Gesangbuch sind sein Stecken und Stab, der Wahrnehmung der Kirche als Kirche bedarf's nicht.

Die evangelische Kirche sichert diesen Zustand durch ihre honoratiorenhafte Struktur. Die Kirchenvorstände werden nur von den Kerngemeinden gewählt, und selbst dieses Wahlverfahren läßt eine Willensbildung der Kerngemeinde nicht erkennen. Die Synoden werden in indirekter Wahl beschickt und wiederum indirekt die Synode der Evangelischen Kirche in Deutschland, die offiziell nicht eigentlich Kirche, sondern bloß Dachverband der Landeskirchen ist. In den Synoden dominieren Beamte, Richter, Berufe von bürgerlichem Ansehen. Der Evangelische Kirchentag, der als große imponierende Massenversammlung das Laienelement in einer Kirche manifestiert, deren Theologie den Unterschied von Klerikern und Laien abgeschafft hat, ist gleichfalls oligarchisch und von Honoratioren geführt*.

Das Selbstbewußtsein des deutschen Protestantismus beruht auf seiner Bildungsleistung und stützte sich früher auf den Status als Mehrheitsreligion, die engere Verbindung zum Staat. Die Minderung des protestantischen Selbstbewußtseins in der Bundesrepublik erklärt sich im Verblassen des von ihm getragenen Staatsideals und dem Fehlen eines «politischen Protestantismus» (den es spurenhaft in der paritätischen CDU gibt – der frühere Außenminister Schröder hatte als Protagonist der Protestanten in der Union die automatische Unterstützung evange-

---

* Es ist charakteristisch, daß das im Auftrag des Kirchentages herausgegebene «Evangelische Soziallexikon» (Stuttgart 1954) in seinem Artikel über den Kirchentag kein Wort darüber verliert, wie die Verantwortlichen des Kirchentages von wem bestellt werden. In dem Artikel referiert R. von Thadden-Trieglaff wie «der Gründer und Präsident des DEKT, R. v. Thadden-Trieglaff ... die Hauptaufgabe dieser evangelischen Sammlungsbewegung» beurteilt.

lischer Kirchenleitungen, der protestantischen Meinungspresse – die im Gegensatz zur Weimarer Republik in der Bundesrepublik bedeutender ist als die katholische –, wenn des Ministers Position von katholischen Mitbewerbern gefährdet wurde). Bei den Katholiken ist es umgekehrt: ihr Selbstbewußtsein kann sich auf die gesellschaftliche Kraft und Organisationsfähigkeit des katholischen Volksteils gründen, im Hinblick auf die deutsche Bildung und Kultur sind sie vom Minoritätsbewußtsein geplagt. Ein großer Teil der eigentlichen Unterschiede zwischen den Konfessionen und der noch vorhandenen Schwierigkeiten ihres Umgangs untereinander hatte in diesem unterschiedlichen Selbstbewußtsein seinen Grund.

Hinzu kommen die tradierten Antipathien und Verständnislosigkeiten – beispielsweise die völlige Unkenntnis der katholischen Volksfrömmigkeit unter Protestanten und die Abneigung gegen ihre Formen; der Widerstand der Katholiken gegen das anspruchsvolle, ihnen hochgestochen erscheinende «Ethos» der Protestanten, während den Evangelischen wiederum die katholische «Moral» muffig und eng vorkommt. In der protestantischen Erziehung spielt die Wahrheitsliebe die Rolle der obersten Tugend, Korrektheit und Rechtlichkeit auch gegen den Staat wurde ans Herz gelegt; für den Katholiken gab es noch andere Tugenden, wie die Klugheit, und Gebote, wie die Pflicht zum Gehorsam gegen die Kirche, deren Konflikt mit dem Staat nie prinzipiell ausgeschlossen war. Die Protestanten neigen dazu, Katholiken für falsch und verschlagen zu halten; die Katholiken empfinden pflichtbewußt-protestantische Haltung als freudlos und säuerlich.

Dergleichen Vorurteile, die durch die geringe religiöse Engagementsbereitschaft der Massen und die geographische Vermengung der Konfessionen durch den Zustrom der Vertriebenen und die Binnenwanderung immer mehr verschwinden, werden vom tatsächlichen Verhalten kaum bestätigt. Die Kriminalgeographie kennt Deliktshäufung in manchen Landschaften (Körperverletzung in manchen Strichen Bayerns, Blutschande in manchen ländlichen Gebieten Kurhessens), aber den Konfessionen eigentümliche, nicht von anderen sozialen Faktoren bestimmte Entgleisungslinien lassen sich nicht überzeugend nachweisen. Auch die Sexualmoral der Konfessionen in Deutschland ist weit ähnlicher, als manche Protestanten und Katholiken glauben. Geschlechtlichen Puritanismus hat es auf beiden Seiten nur im Bürgertum und der eigentlich bürgerlichen Epoche gegeben; die Scheidungsziffer ist allerdings bei den Katholiken niedriger wie ihr Kirchenbesuch höher. Beides hat nicht viel mit der Moral zu tun. Die noch bestehenden Vorurteile der Konfessionen gegeneinander hängen mit dem dogmatischen Unterschied der römischen und der lutherischen Lehre nur noch wenig zusammen. Deshalb ist es auch ein Mißverständnis zu meinen, daß die offiziellen Begegnungen der Kirchen, ihre praktische Kooperation und theologische Annäherung daran unmittelbar etwas ändern könnten; die Vorurteile im Volk werden aus anderen Gründen schneller abgebaut und belanglos, als die Applanierung von Unterschieden durch die hohe Geistlichkeit voranschreiten kann.

Was die Bildung anlangt, so ist sie von Luthers Tagen bis zum Ende des 19. Jahrhunderts entscheidend protestantisch geprägt gewesen. Die neuhochdeutsche Sprache ist ohne Luthers Bibel nicht zu denken, die den Katholiken verboten war. Unzählige feststehende Wendungen und Begriffe, literarische Topoi gehen auf Luthers Übersetzung zurück, und noch im 20. Jahrhundert ist es bei genauem Hinhören zu merken, ob Autoren mit der Lutherbibel aufwuchsen oder nicht. Die Entwicklung der Nationalsprache durch den Protestantismus wurde für die Katholiken zu einem doppelten Hindernis. Denn die schon längst vor Luther in Blüte stehende deutsche Predigt trat nun, da die Katholiken im konfessionell geteilten Land sich desto fester an Rom banden, in den Hintergrund – es wird häufig vergessen, daß die im Vergleich zur französischen geringere Selbständigkeit der katholischen Kirche in Deutschland durch die Reformation veranlaßt war und daß manche Tradition, deren Fehlen den

Katholiken später angekreidet wurde, als Folge der Reformation abbrach.

So wurde die deutsche Literatursprache überwiegend zum Besitz der Protestanten. Der ganze deutsche Bildungskanon ist von Protestanten geschrieben worden, und an der großen, weltbewegenden deutschen Philosophie war kein Katholik beteiligt. Wenn man von den Konvertiten der romantischen Schule absieht, die aber aus dem protestantisch bestimmten Bildungsstrom herauswuchsen, so sind unter den großen Autoren der Literatur des 19. Jahrhunderts nur drei katholische Dichter zu nennen: Eichendorff, Stifter und Grillparzer. Erst zu Beginn des 20. Jahrhunderts entfernt sich der Weg der Literatur von den Zentren und Quellen protestantischer Bildung. Nach Südost geht der geheimnisvolle Ritt, wie es im «Faust» heißt: Hofmannsthal, Kafka, Rilke, Däubler. Aber noch Thomas Mann, Hesse und Benn manifestieren die protestantische Tradition, zu deren Kennzeichen die Distanz zu den eigentlich religiösen Gehalten des Protestantismus schon früh gehörte. Während die evangelische Schule und das evangelische Haus sich an Luthers Bibel und Luthers Katechismus (in weit geringerem Maß an der Zürcher Bibel und dem Heidelberger Katechismus) und dem evangelischen Gesangbuch bildete, das eine der schönsten Anthologien der deutschen Dichtung geblieben ist, blieb den Katholiken, die nicht Latein lernten, die Beschäftigung mit der Heiligen Schrift lange verschlossen, ihre religiöse Bildung nährte sich an Übersetzungsliteratur, der «Nachfolge Christi» des Thomas von Kempen, der «Philothea» des hl. Franz von Sales und anderen, vorzügliche Erbauungsbücher gewiß, aber die Sprache weit weniger bildend als die Frömmigkeit. Noch heute zeigt sich ein sprachliches Gefälle (dem ein theologisches umgekehrt entsprechen kann) zwischen evangelischen Predigten und katholischen. Als liturgische Sprache ist das Deutsche lutherisch, die seit den Reformen deutschen Teile der römischen Messe können sich mit der lutherischen Messe so schlecht vergleichen wie die neuenglische Liturgie der britischen Katholiken mit der Sprache des anglikanischen Ritus. Hier, in der geringeren Vermählung des Katholizismus mit der deutschen Sprache, hat das «Bildungsdefizit» der Katholiken seinen wichtigsten Grund – nicht im Index der verbotenen Bücher und der Feindseligkeit der Hierarchie gegen die moderne Bildung, die anklagend als Gründe genannt werden. Das bestätigt auch das Beispiel Frankreichs, wo sich die Nationalkultur mit und unter der katholischen Religion entwickelt hat.

Nach 1815 waren die Katholiken zudem zu einem politisch minderen Status gekommen, verstanden die Entwicklung jedenfalls so. Das alte Reich war zugrunde gegangen, dessen Kaiser immer katholisch gewesen war, und die geistlichen Herrschaften wurden nicht restauriert. Die ganz überwiegend katholische Bevölkerung des Rheinlandes verlor die geistig-weltlichen Oberhäupter zu Köln, Mainz und Trier und war dem preußischen Königreich einverleibt. Preußen war zwar tolerant – der Jesuitenorden hatte, als Klemens XIV. ihn aufhob, nur im zaristischen Rußland und im friderizianischen Preußen öffentliche Wirksamkeit behalten –, jedoch war es ein protestantischer Landesherr, dem sie nun unterstanden, und Preußen hatte nie aufgehört, sich in der Nachfolge Sachsens als protestantische Vormacht in Deutschland zu fühlen.

Schon vor der Mitte des Jahrhunderts war es zu Konflikten des Staates mit der katholischen Kirche gekommen (der Fall des Kölner Erzbischofs Droste-Vischering*), die Situation wurde verschärft dadurch, daß die preußischen Untertanen polnischer Nationalität ihre nationalen mit den konfessionellen Interessen verbanden, was in Berlin sehr gefährlich schien, und als seit 1866 und 1871 Österreich aus Deutschland herausgedrängt und Preußen unbe-

---

* Clemens August v. Droste zu Vischering wurde 1835 Kölner Erzbischof, nachdem er versprochen hatte, die mit dem Staat getroffene Übereinkunft von 1834 über die Mischehen zu beobachten, erklärte jedoch im September 1837, ohne das Versprechen der katholischen Erziehung der Kinder keine katholische Trauung gestatten zu können, und berief sich auf das päpstliche Breve von 1830. Da er nicht umgestimmt werden konnte, enthob ihn die Regierung seines Amtes und führte ihn gefänglich auf die Festung Minden ab. Vom Jahre 1839 an lebte er auf seinem Stammgut Darfeld.

strittene Führungsmacht geworden war, hatten die Katholiken Grund, sich in Deutschland isoliert, von einer nicht freundlich gesinnten Mehrheit umgeben zu sehen. Der liberale Zeitgeist, der unbedingte Glaube an den Fortschritt der freien Wissenschaft stand gegen sie, und als die Opposition der Katholiken sich seit Pius IX. Syllabus errorum und dem ersten Vaticanum auch dogmatisch verhärtete, waren die Voraussetzungen für den Kulturkampf – der Liberale und bedeutende Mediziner Virchow prägte den Ausdruck, um einen Kampf *für* die Kultur zu bezeichnen – gegeben.

Bismarck selbst war nicht frei vom antirömischen Affekt und sah sich ganz unhistorisch in der Fortsetzung des alten Streites zwischen dem Kaiser und den Päpsten, und wenn er auch nicht zu den Antreibern und ideologischen Scharfmachern des Kampfes gegen die katholische Kirche gehörte, so besorgte doch auch er, daß die Katholiken unverläßliche Untertanen seien. Was ihn in Wahrheit störte, war freilich nicht die katholische Religion, sondern die Tatsache, daß die Katholiken aus ihrem Minoritätenstatus und zur Verteidigung ihrer Position die erste Massenbewegung Deutschlands organisiert hatten, über ein dichtes Vereinsnetz verfügten und eine eigene Partei, das Zentrum, deren bedeutendster Führer der frühere hannoversche Minister und welfisch-antipreußisch gesinnte Ludwig Windthorst war. Diese Volksbewegung, die sich seit der Mitte des Jahrhunderts auf großen Katholikentagen darstellte und sich längst vor dem organisierten Sozialismus als gesellschaftliche Macht etabliert hatte, war notwendigerweise demokratisch in dem Sinne, daß sie den Schutz der Kirche und der katholischen Interessen gegen die Obrigkeit mit den Mitteln der öffentlichen Meinung, der Beteiligung an Wahlen erstrebte und die stärkere Abhängigkeit der Regierung von den gesellschaftlichen Mächten wollen mußte. Das ging gegen die Staatsraison des damaligen preußischen Staates.

Der Kulturkampf wurde von den Katholiken gewonnen dank ihrer Solidarität und Standfestigkeit und weil eben der preußische Staat doch kein totalitäres Ungeheuer war. Bismarck konnte ihn mit diplomatischen Mitteln einigermaßen beenden (und wurde von Leo XIII., der den großen Staatsmann respektierte, mit dem Christus-Orden ausgezeichnet, das einzige Mal, daß diesen Orden ein Protestant erhielt), es blieb die Zivilehe und die wissenschaftliche Ausbildung der Kleriker erhalten, aber der katholische Volksteil hatte sich in bösen Tagen hervorragend bewährt, dem Reichskanzler und preußischen Ministerpräsidenten eine empfindliche Niederlage beigebracht; eine andere war die im Kampf gegen die Sozialdemokraten – gegen die Massenbewegungen konnte selbst die preußische Obrigkeit nichts mehr ausrichten. Der «politische Katholizismus», der nicht die Gewandtheit der päpstlichen Diplomatie und die Weltklugheit der Hierarchie meint, sondern die gesellschaftliche Macht der Katholiken, war für Jahrzehnte ein Schreckgespenst der Liberalen und für die Katholiken ein Ausweis berechtigten Selbstvertrauens.

Leistung und Erfolg der katholischen Volksbewegung erklären sich auch durch die im Vergleich zu den rein katholischen Ländern gegenüber dem Staat unabhängigere Stellung des Episkopats, durch bedeutende Männer, wie den Bischof Ketteler von Mainz, und dadurch, daß die christlich-soziale Bewegung in der katholischen Soziallehre, die in der Folgezeit hauptsächlich von deutschen Jesuiten gefördert wurde, ein theoretisches Fundament hatte. Gegenüber diesem «politischen Katholizismus» blieb der Protestantismus politisch handlungsunwillig und handlungsunfähig.

Die evangelische Kirche war seit der Reformation durch den landesherrlichen Summepiskopat (Luther hatte die Fürsten als Notbischöfe und Beschützer der neuen Religion anerkannt) mit den herrschenden Gewalten der protestantischen Territorien eng verbunden. Das war jahrhundertelang fast unproblematisch gewesen, wurde aber mit dem Auftreten demokratischer Strömungen und der sozialen Frage den evangelischen Kirchen sehr hinderlich. Die deutschen Katholiken konnten sich der sozialen Frage in Theorie und Praxis vergleichsweise unbefangen annehmen, weil sie ohnedies die unterlegene Seite in Preußen-Deutschland darstellten und die herrschende politisch-ökonomische Oberschicht nur zum kleineren Teil die ihrige war. Mit der evangelischen Kirche stand es umgekehrt; sie reagierte infolgedessen auf die soziale Frage insgesamt so wie der katholische Episkopat in jenen Teilen des Erdkreises, wo er seinerseits mit den irdischen Herrschern ein inniges Bündnis eingegangen war. Insgesamt – es gab auch auf evangelischer Seite eine christlich-soziale Strömung, aus der die Innere Mission und eine umfassende caritative Tätigkeit evangelischer Organisationen hervorging. Sie hatte gleichfalls hervorragende Männer: Wichern, Lohmann, dessen Denkschrift über die Aufgabe der Kirche gegenüber den gesellschaftlichen Kämpfen seiner Gegenwart sieben Jahre vor der Enzyklika «Rerum novarum» erschienen war und es nach Theodor Heuss' Urteil verdiente, ihr gleich geachtet zu werden, Löhe, den Diakonissenvater Fliedner und Bodelschwingh. Zu politischer Wirksamkeit, zum energischen Verlangen sozialer Reformen, wie auf katholischer Seite, führte sie nicht. Was sie erreichte, war viel, ein bewundernswertes, leistungsfähiges System sozialer Hilfe, aber es war Caritas; und allen späteren Anläufen zum Trotz, vom Hofprediger Stöcker, dem sozialdemokratischen Pfarrer Blumhardt bis zum Sozial-Liberalen Naumann, machte die evangelische Kirche die Sache der Arbeiterschaft nicht zu der ihren. Im Gegensatz zur katholischen Kirche verlor sie den Arbeiterstand und hat ihn nicht wiedergewinnen können. Das berühmte evangelische Pfarrhaus, dessen Bedeutung für die Bildung der Deutschen gern hervorgehoben wird, wurde angesichts der sozialen Frage zu einem Nachteil für die Wirksamkeit der Kirche: die Pfarrfrau und des Pfarrers Kinder waren von höherem Stand und mußten den Pfarrer im industriellen Milieu isolieren, während das Pfarrhaus auf dem Lande als patriarchalische Einrichtung respektiert war.

Das Verhalten der evangelischen Kirche gegen den Staat und, umgekehrt, die soziale Frage und die Demokratie kann hingegen durch die im lutherischen Protestantismus angeblich besonders gehegte Untertanengesinnung kaum erklärt werden; der Vorwurf entstammt der politischen Polemik gegen den Protestantismus und ist ohne großes Recht. Die lutherische Religion hat weder bei den Lutheranern in Nordamerika ein von anderen Denominationen unterscheidbares politisches Verhalten erzeugt, noch die demokratische Entwicklung in den skandinavischen Ländern verhindert, wo doch eine lutherische Staats- oder Volkskirche besteht. In Deutschland selbst gibt es eine lutherische Widerstandtradition gegen die Obrigkeit; des Reformators Auftreten vor dem Wormser Reichstag war nicht das eines zaghaften Untertanen; der größte Liederdichter der Lutheraner, Paul Gerhardt, verlor sein geistliches Amt in Berlin wegen seines Kampfes gegen das Toleranzedikt des Großen Kurfürsten zugunsten der Reformierten. Der Widerstand lutherischer Gemeinden gegen die Unifikationsbestrebungen des preußischen Königs Friedrich Wilhelm III. war derart, daß die unierte Agende unter gezückten Bajonetten in Schlesien eingeführt wurde. Damals und noch lange Zeit danach trennten sich Lutheraner und lutherische Gemeinden lieber von der Landeskirche und ihren Vorteilen, als daß sie die reine unverfälschte Lehre durch Menschensatzung verwässern ließen. Die baltischen Lutheraner verteidigten ihren Glauben jahrhundertelang gegen die vom zaristischen Rußland begünstigte orthodoxe Kirche. Schließlich war der protestantische Widerstand gegen den Nationalsozialismus (und später gegen die kirchenfeindliche Agitation der SED) hauptsächlich lutherischer Widerstand; die Reformierten sind in Deutschland innerhalb des Protestantismus in der Minderheit. Bei diesem Widerstand handelt es sich nicht um Demokratie oder Kampf gegen die Obrigkeit zugunsten allgemeiner Freiheitsrechte, sondern um Verteidigung des Glaubens, aber das war immer Inhalt des religiösen Widerstandes. Der Nachweis, daß eine der christlichen Konfessionen besonders zur Fügsamkeit gegenüber dem von den Herrschenden begangenen Unrecht disponiere, ist nicht geführt. Die Haltung der evangelischen Kirchen gegenüber den Obrigkeiten ist ein politisches Phänomen und verdient eine politische Erklärung*.

In den westlichen Bundesländern stehen die Konfessionen einander beinahe gleichstark gegenüber. Der politische Katholizismus hat seine Notwendigkeit eingebüßt, und das besondere Verhältnis der Protestanten zum Staat ist obsolet. Das Ende der Überlegenheit protestantischer Bildung ist ebenso abzusehen wie das Ende des sozialpolitischen Impetus der Katholiken. Die Unterscheidung der Konfessionen wird nicht aufhören, aber an Relevanz verlieren. Diese Entwicklung wird durch die innere Entwicklung der Kirchen selbst gefördert. Das Aggiornamento in der katholischen Kirche fügt ihrem überkommenen Bild Züge zu, die den Protestanten protestantisch anmuten. Die evangelische Kirche, deren Oberhirten keine eigentliche Lehrgewalt in Anspruch nehmen und die ihre Theologie von

---

* Analoges gilt für den Zusammenhang von Calvinismus und Kapitalismus, den Max Weber geistvoll hergestellt hat: ökonomische Tatbestände sollten zuerst ökonomisch analysiert werden. Für viele deutsche reformierte Texte kann die Strophe aus Tersteegens Lied «Kommt Kinder, laßt uns gehen, der Abend kommt herbei» angeführt werden: «Man muß wie Pilger wandeln / frei, bloß und wahrlich leer / viel sammeln, halten, handeln / macht unsern Gang nur schwer / wer will, der trag' sich tot / wir reisen abgeschieden / mit Wenigem zufrieden / wir brauchen's nur zur Not.» Es ist sehr zweifelhaft, ob sich unter den Kapitalisten und Industriemagnaten in Schlesien, an Rhein und Ruhr ein religiös bedingtes Übergewicht der einen über die andere Konfession feststellen läßt.

staatlichen Universitätsprofessoren besorgen läßt, über deren Denken sie nicht Herr ist, hat spätestens seit dem 18. Jahrhundert keine eigenständige geistige Bewegung zutage gefördert, sondern an den Bewegungen des Zeitgeistes teilgenommen. Zur Zeit der Aufklärung war ihre Theologie rationalistisch. Schleiermacher verwertete dann den philosophischen Idealismus und die romantische Gefühlswelt. Heute werden die theologischen Begriffe von der Phänomenologie Husserls, der existenzialistischen Sprache Heideggers bestimmt. Im 19. Jahrhundert griff die theologische Wissenschaft die kritischen Methoden der Historie und der Philologie auf, die sie zwei Jahrhunderte zuvor selbst erfunden hatte. Der deutsche Katholizismus weiß, was er dem Land der Reformation schuldig ist, und er erbringt reformatorische Beiträge in der Theologie, die im katholischen Erdkreis Bewunderung erregen.

Unterhalb dieser intellektuellen Regsamkeit leben die Gemeinden weiter, wie sie immer gelebt haben. Im Protestantismus sind es orthodoxe Gruppen in der Amtskirche, die daran festhalten, «Gottes Wort und Luthers Lehr' vergehen nun und nimmermehr», es sind die unverwüstlichen Pietisten, denen die persönliche Heilserfahrung Kraft gibt, und die Sekten, die sich unter verschiedenen theologischen Vorwänden aus dem Protestantismus herausbilden, der dem «religiösen Virtuosentum» (Max Weber) seit der Aufhebung des Mönchtums kaum Heimstatt bietet. Das katholische Gottesvolk sammelt sich weiter um seine Hirten, ein wenig verwirrt zwar durch den Einbruch des Zeitgeistes, aber doch unerschüttert im Glauben an das göttliche Wort und den Beistand des Heiligen Geistes. Um diese soliden Kerne herum steht die Mehrheit der Deutschen, nicht unfreundlich gesonnen, doch nicht zur aktiven Teilnahme bereit, das Religiöse mit einem Interesse verfolgend, das dem Sport und der Politik ebenso gilt. Tatsächlich sind die öffentlichen Verlautbarungen der Kirchen, der evangelischen allerdings mehr als der katholischen, ununterscheidbar von denen der «Gesellschaftskritik»; und so wie auf Gesellschaftskritik reagieren auch die Deutschen darauf.

Macht und Geist

Als 1837 mit dem Tode König Wilhelms IV. die Personalunion von England und Hannover endete und König Ernst August den Hannoverschen Thron bestieg, begann eine der berühmten deutschen Geschichten über den Zwiespalt von Macht und Geist. Wenige Tage nach seinem Regierungsantritt hob der neue König die Verfassung von 1833 auf, setzte durch Staatsstreich die reaktionäre von 1819 wieder in Kraft und entband die Beamten ihres auf die Verfassung abgelegten Eides. Das rief im ganzen Lande Empörung hervor, die Professorenschaft der Göttinger Universität als Versammlung der gelehrtesten, zur Rechtlichkeit und staatsbürgerlichen Wachsamkeit verpflichteten Männer des Landes erwog Protestschritte.

Sie erwog fast ein halbes Jahr, dann wurde eine Eingabe von sieben Göttinger Professoren bekannt, unter ihnen der Historiker Dahlmann und die Brüder Grimm, die in ganz Deutschland Aufsehen machte und Begeisterung auslöste. Die Sieben wurden ihrer akademischen Stellung und ihrer Beamtenrechte beraubt und gingen außer Landes. Die «Göttinger Sieben» bildeten fortan für das Selbstbewußtsein der Universität ein grundlegendes, vielberufenes Datum; es wird regelmäßig angeführt (zusammen mit dem Hinweis, daß «Professor» Bekenner bedeutet), wenn von der öffentlichen Funktion, der öffentlichen Verantwortung des Geistes die Rede geht.

Es ist recht, daß Deutschland das Gedächtnis der Sieben in Ehren hält und als Beispiel für den Mannesmut von Gelehrten der akademischen Jugend vors Auge rückt. Als exemplarisch sollen die Göttinger Sieben wohl gelten, aber als charakteristisch, als typisch dürfen sie nicht angesehen werden. In der Schrift über seine Entlassung beschreibt Jacob Grimm, wie hasenherzig sich die Professorenschaft im ganzen gebärdete, stellt Betrachtungen darüber an, daß kein Theologe und kein Mediziner sich als Mitunterzeichner bereitfand, und schildert ausführlich, wie eine offizielle Gesandtschaft der Universität beim König, die sogenannte Rothenkircher Deputation, sich unter den demütigendsten Umständen ohne alle Gefahr, verleitet durch die eigene Erbärmlichkeit, dazu bereitfand, für die ganze Universität, doch ohne Ermächtigung ihrer Körperschaften, den Schritt der Sieben zu mißbilligen, um wieder in die Gnade des Landesherrn heimzukehren.

Von der Universitätsmehrheit, die auf dem Posten blieb und nichts tat, und von den «Göttinger Fünf» der Rothenkircher Deputation wird nicht gesprochen, aber zum ganzen Bild gehören auch sie.

Ernst August hatte gewonnen; zu seinem Schwager, dem Preußenkönig Friedrich Wilhelm III., sagte er: «Komödianten, Huren und Professoren bekommt man für Geld überall.»

Diese Bemerkung ist – trotz der Gutachtenpraxis mancher Wissenschaftler – nur ein selbstgefälliger Zynismus. Aber die Meinung, die in Deutschland zu den herrschenden gehört, daß der «Geist» in den öffentlichen Angelegenheiten als solcher ein gewichtiges Wort mitzureden habe, ist als Forderung überzeugender denn als historisch bezeugte Erfahrung.

Zunächst ist nicht klar, was in dem Begriffspaar Macht und Geist unter «Geist» verstanden wird. Die «Macht» ist einfach die Regierung, der Machthaber und sein Anhang. «Geist» ist in diesem Sprachgebrauch ein Wort wie «die Wirtschaft», welches die Bedeutungsschwere der Volkswirtschaft als der Grundlage der Existenz der Nation suggeriert, aber in den fordernden Reden der Wirtschaftler für die Gruppe der Unternehmer, Syndici, Vorstandsvorsitzer und ihre Interessen steht, die sich mit denen der Wirtschaft im richtigen Sinne doch nicht mit Notwendigkeit decken. Das Wort «Wirtschaft» ist in dieser Bedeutung auch nicht direkt zu übersetzen. Im Englischen müßte es etwa *business community* heißen und wäre damit seiner Aura entkleidet. «Der Geist» ist, der Macht gegenübergestellt, ein Inbegriff der nicht an der Macht beteiligten Gelehrten, Intellektuellen, Künstler, Literaten. Mit dem Geist im philosophischen, im normalen Wortsinn ist das Wort nicht identisch, aber es hat wie «die Wirtschaft» einen praktischen, propagandistischen Wert.

Die Figur des modernen Intellektuellen tritt in Deutschland erst nach der Französischen Revolution hervor, in der Zeit der lebhafteren Regsamkeit einer öffentlichen Meinung, wenn auch schon in der Polemik der Humanisten höchst modern anmutende Vorläufer zu finden sind. Im ganzen ist vor dem 19. Jahrhundert das Dilemma von Macht und Geist auf das Verhältnis des Professors zur Behörde reduziert. Die bildenden Künstler und die Musiker lebten an den Fürstenhöfen und von ihnen, ohne Ehrgeiz und Möglichkeit, über ihren Auftrag hinaus zu wirken. Eine selbstbewußte Literatur, die zu Konflikten hätte führen können, gab es nicht, und unter den Professoren waren es fast ausschließlich die Philosophen (zu deren Feld damals auch die Naturwissenschaft – ohne die Medizin – zählte), die im modernen Sinne gegen die Macht «Geist» darstellten: Ihr Denken gefährdete die Orthodoxie der herrschenden Religion oder erschien ihr wenigstens gefährlich und es bedrohte die politische Gewalt selbst dann, wenn es sie im Ergebnis bestätigte, einfach dadurch, daß es über den Grund der Macht zu reflektieren sich anmaßte, sie der prüfenden Vernunft unterwarf. Für diese Professoren ging es im Konflikt um die Freiheit des Philosophierens. Darum zog der Aufklärer Wolff von Halle nach Marburg, darum schwieg der alte Kant, als nach dem Tod des großen Friedrich ein bigottes Regime folgte; widerrufen, sich unterwerfen wollte er nicht. Der «Geist» kämpfte um die Freiheit des Geistes, nicht um politischen Einfluß. Um Politik im Sinne eigener Mitgestaltung der öffentlichen Dinge war es auch Jacob Grimm und seinen Sechsen nicht gegangen, sondern um das Recht und die persönliche Ehre, deren Verteidigung freilich ein politischer Akt war.

Das politische Engagement des «Geistes» bildete sich allmählich im 19. Jahrhundert heraus. Es ist einmal Teil der Geschichte der öffentlichen Meinung, des Kampfes um Pressefreiheit und den Gebrauch derselben für die Kritik der Literaten an herrschenden Zuständen und Personen. Es entwickelte sich die Gesellschaftskritik als Pfahl im Fleisch der Mächtigen, die zu permanenter Aktion und zur ständigen Korrektur des Bestehenden drängte, aber sich meist in prinzipiell unaufhebbarem Gegensatz zum Vorgefundenen sah*; gleichzeitig entstand frei-

---

* Jacob Burckhardt beschreibt in den «Weltgeschichtlichen Betrachtungen» diese Einwirkung des Geistes, der bei ihm als «Kultur» erscheint, aus der Distanz eines liberalen Konservativen: «Aus diesem allem entsteht die große Krisis des Staatsbegriffs, in welcher wir leben. Von unten herauf wird kein besonderes Recht des Staates mehr anerkannt. Alles ist diskutabel; ja im Grunde verlangt die Reflexion vom Staat beständige Wandelbarkeit der Form nach ihren Launen. Zugleich

lich auch ein Bündnis des Geistes mit der Macht durch die Hegelsche Philosophie, die das Staatsbewußtsein Preußens prägte.

Davon, daß die Männer des Geistes in Deutschland sich im Vergleich zu fremdländischen Amtsgenossen nicht am öffentlichen Leben beteiligt, in den Streitfragen der Zeit nicht Partei ergriffen hätten, kann in Wahrheit keine Rede sein. Die Vorstellung von dem nur der Naturbetrachtung, der Wissenschaft, dem reinen Kunstwerk zugewandten Dichter und Gelehrten ist seit der Zeit der Restauration falsch. Es fällt leicht, die Namen derjenigen zu nennen, die sich dem Politischen verschlossen, wie Stifter oder Mörike, doch unübersehbar reich ist die Zahl der Professoren und Schriftsteller, die es auch für ihr Amt hielten, sich politisch zu äußern. Das Frankfurter Revolutionsparlament von 1848 hieß nicht umsonst das Professoren-Parlament, und von Hegel, Fichte und Schleiermacher reicht durch das

aber verlangt sie für ihn eine stets größere und umfangreichere Zwangsmacht, damit er ihr ganzes sublimes Programm, das sie periodisch für ihn aufsetzt, verwirklichen könne; sehr unbändige Individuen verlangen damit die stärkste Bändigung des Individuums unter das Allgemeine. Der Staat soll also einesteils die Verwirklichung und der Ausdruck der Kulturideen jeder Partei sein, andernteils nur das sichtbare Gewand des bürgerlichen Lebens und ja nur ad hoc allmächtig! Er soll alles mögliche *können,* aber nichts mehr *dürfen.* Namentlich darf er seine bestehende Form gegen keine Krisis verteidigen, – und schließlich möchte man doch vor allem wieder an seiner Machtübung teilhaben. »

ganze Jahrhundert bis zu Mommsen und Virchow und noch Max Weber zur Zeit des Ersten Weltkrieges und danach die Kette großer Namen der Wissenschaft, die den Beruf zur Politik in sich spürten. Wenn man in Rechnung stellt, daß nicht jeder Gelehrte zugleich Abgeordneter oder politischer Publizist sein kann, daß auch unter ihnen nur eine geringe Minderheit einem Drange folgen kann, sich politisch zu artikulieren, so ist der Elfenbeinturm als Aufenthalt gerade des deutschen Gelehrten nichts als Legende. Die gelehrten Politiker verteilten sich allerdings auf alle politischen Lager, waren demokratisch, fortschrittlich, liberal und konservativ, Nationale und Katheder-Sozialisten. Sie standen jedenfalls nicht als Gruppe gegen die Macht und fallen darum aus der Dichotomie von Macht und Geist heraus. Für die gelehrte Welt ist, seit und soweit es nicht mehr um die Freiheit des Forschens und Lehrens geht, das Verhältnis von Geist und Macht auf die Fragen der angemessenen Förderung der Wissenschaft, der Verwendung wissenschaftlichen Instrumentariums in der Regierungskunst eingeschränkt. An der allgemeinen Politik nehmen die Professoren nicht als Stand, sondern als Bürger teil; einzelne neuere Disziplinen, die einen fließenden Übergang zum Journalismus bilden, disponieren freilich die ihnen angehörenden Wissenschaftler stärker zum politischen Engagement als andere.

Von der besonderen Pflicht des Gelehrten, staatlichem Unrecht zu widerstehen, von der die Göttinger Sieben ausgingen, ist in demokratischer Zeit nicht mehr viel geblieben. Der Gelehrte verfügt über keine anderen Informationen als die jedem anderen Staatsbürger zugänglichen, seine Stimme zählt nicht mehr als deren Stimme, und so kann von einer höheren Pflicht, der unrechttuenden Gewalt gegenüberzutreten, nur dort gesprochen werden, wo sie zugleich besondere Amtspflicht ist: der Rechtslehrer hat wie der Richter noch mehr Grund, das Gesetz zu verteidigen, als jeder andere, der Theologe wie der Pfarrer ist noch strenger gehalten als der Gläubige, die Religion vor den Anschlägen zu schützen. Zwar wird gelegentlich von der besonderen politischen Verantwortung des Hochschullehrers gesprochen, doch mehr als Element einer der Selbstschätzung dienenden Rhetorik; es wird nicht der Versuch gemacht, darzustellen, wem gegenüber diese Verantwortlichkeit bestehe, wer bei fehlsamem Verhalten prüfen, urteilen, strafen soll. In einer Demokratie ist die Behauptung besonderer politischer Verantwortung, soweit nicht durch Amtspflichten gedeckt, gegenüber der Gesamtheit der Staatsbürger nur die verhüllte Forderung nach einem Einflußprivileg. Zu Zeiten der Restauration, wie schon zuvor die französischen Akademien unter Napoleon, unterwarfen sich die gelehrten Anstalten wie nachher dem NS-Regime; es gab große, rühmenswerte Ausnahmen des Widerstandes, aber die Mehrheit, die Institution als solche unterwarf sich, wie sich jeweils die allgemeinen Mehrheiten und Einrichtungen unterwarfen. Die Haltung der Gelehrten war nicht schändlicher und nicht edelmütiger als die der Gesellschaft im ganzen – sie war ein Teil davon.

Nicht um die Professorenschaft geht es bei «Macht und Geist»; seit dem Beginn moderner verfassungsmäßiger Zustände läßt sich das Begriffspaar ausreichend mit dem Verhältnis zwischen den Intellektuellen und dem Staat übersetzen. Unter den Intellektuellen sind diejenigen Beiträger zur öffentlichen Meinung zu begreifen, die, ohne an der Macht beteiligt zu sein, über die öffentlichen Angelegenheiten reflektieren, sie an einem idealen Modell messen und damit in Frage stellen. So verschieden ihre politische Anschauung sein mag, eine kritische Tendenz ist ihnen gemeinsam. Ein Intellektueller an der Macht wird entweder diese seine Eigenschaft verlieren, sich im Bestehenden einrichten und die tausend Kompromisse schließen, die die Realität jedem Handelnden abverlangt, oder einer revolutionären Entwicklung vor- oder beistehen. Durch die Unruhe, die von ihnen ausgeht, pflegen die Intellektuellen die Affekte der Regierenden, vielfach auch der ganzen übrigen Gesellschaft, aufzuregen; sie entsprechen der Gereiztheit gegenüber dem Kind, das unablässig die Frage stellt: warum?

oder: warum nicht?, auf die niemand eine Antwort weiß außer, daß es eben so sei und nicht anders – eine Entgegnung, die vom Antwortenden selbst als ungenügend empfunden wird.

Die Deutschen haben, seit es Intellektuelle gibt, einen großen Reichtum an ihnen besessen, Literaten, Publizisten, manifestierende Künstler und Gelehrte, aber sie haben den Reichtum nicht genutzt. Die herrschende Schicht nahm die Kritik nicht auf, sondern verstockte ihr Herz dagegen und entwickelte eine Art sich steigender Taubheit. Der liebenswürdige Tadel wurde noch vernommen, der selbstbewußte Protest aber abgewiesen. Sie ließen es lieber zum Skandal kommen, als dem Kritiker durch Beseitigung des Übelstandes Genugtuung zu geben. Darin drückt sich das geringe Selbstbewußtsein der herrschenden Schicht aus; auch das schlechte Gewissen, hervorgerufen doch wieder durch die intellektuelle Kritik und die andauernde Vergleichung deutscher und englisch-französischer konstitutioneller Zustände, so daß die Fürsten 1918 die Throne mit einer Behendigkeit räumten, als wären sie immer bloß Usurpatoren gewesen.

Auf die Substanz intellektueller Kritik konnte freilich ein Machthaber nicht eingehen, der sich nicht selbst absetzen wollte, denn die Gesellschaftskritik der deutschen Intellektuellen des 19. Jahrhunderts war grundsätzlicher Natur und ebenso aufs Prinzipielle aus wie die Restauration und die offizielle politische Theorie der Machthaber. Es ist auch nicht zu sehen, was Bismarck mit Nietzsches berühmter Kritik hätte anfangen können, der Richtiges gegen den preußischen Militärstaat und wilhelminisches Philistertum einwendete, doch auch den Übermenschen träumte, sich philosemitisch gab und die Juden schalt.

In der Weimarer Republik spielten die Intellektuellen eine glänzende Rolle, aber nicht zum besten der Republik. Es gab eine intellektuelle Rechte, die einen neuen, starken Staat, zuchtvoll, asketisch und aristokratisch ersehnte; Möller van den Bruck erfand die Formel vom Dritten Reich. Es gab eine wortgewaltige Linke, die einen idealen Bolschewismus wollte, einen nationalen oder auch schlicht den Sieg der kommunistischen Sache. Beide, die Rechte wie die Linke, stimmten überein, daß die demokratische Republik nichts und todeswürdig sei, ihre führenden Biedermänner tief verächtlich. Als dann die Republik tatsächlich unterging, hatten ihre Intellektuellen eine beachtliche, zuweilen große Literatur geschrieben; nur nichts für ihren Bestand. Das NS-Regime behagte dann beiden Richtungen weniger als die bekämpfte Vorgängerin. Die wenigen Intellektuellen, die sich mit dem Weimarer Staat arrangiert hatten, verteidigten ihn in der Weise, daß sie einen der Gegner, den rechten oder den linken, angriffen; Positives mochte niemand zu Protokoll geben.

Unter der Herrschaft Hitlers war «Intellektueller» ein Schimpfwort; schon zu meckern war verboten, grundsätzlich-kritische Reflexion über Politik unmöglich. Nach dem Krieg in der Bundesrepublik war sie hingegen erwünscht und hatte Prestige wie alles, was verfolgt gewesen war. Weder nationalistisch noch kommunistisch, und links nur im Sinne unbedingten Reformwillens, konnten sich die Intellektuellen eigene Institutionen schaffen in Rundfunkanstalten, Zeitungen und Verlagen, von deren Zinnen herab sie die Politik einer umfassenden moralischen Zensur unterwarfen. Den Maßstab gab ihnen nicht wie früher das Idealbild eines neuen Staates oder einer klassenlosen Gesellschaft, sondern das unwandelbare Sittengesetz einer edlen Humanität.

Die Deutschen, die die obersten in der Bosheit gewesen waren, sollten nun in Friedfertigkeit, Sozialgesinnung und Entsagung der Macht die ersten sein*.

---

* Die Intellektuellen, besonders die deutschen, sind in der anomalen Situation, daß nicht bloß der Faschismus durch die deutsche Vergangenheit, sondern auch der Kommunismus durch die Nachkriegsgegenwart als Modelle ausschieden und als positive Orientierungspunkte nur soziologische Planungsentwürfe verblieben, die nicht literarisch stimulieren. Es wird daher zunehmend schwerer, Prinzipielles auszudrücken. Vielleicht kann die Neigung der Literatur zur Pornographie als Ausweg aus dem Dilemma verstanden werden: die Reduktion des Menschen auf seine Sexualität bedeutet nämlich fiktive Herstellung der Gleichheit aller mit allen. Klasse und Rasse, Nationalität und Bil-

Die bedeutendste Intellektuellen-Vereinigung war der locker organisierte und wirkungsvolle Schriftstellerbund der «Gruppe 47». Diese Gruppe, zu der fast alle herausragenden Namen der deutschen Nachkriegsliteratur gehören, Böll, Grass, Johnson, Enzensberger, war zuerst und vor allem ein literarischer Verein mit literarischem Zweck, gegenseitiger Kritik und gegenseitigem Beistand der Autoren; dieser seiner Aufgabe nach nicht viel anders als die Dichterbünde früherer Zeiten. Aber da in ihm Talent, auch das zur Selbstdarstellung, versammelt war und die Kritik heftig, vielfältig und unablässig auf eine der Antwort gar nicht mächtige Regierung traf, erlangte die Gruppe für die regierende Schicht in Bonn dermaßen dämonische Proportionen und konspirative Gefährlichkeit, daß ein CDU-Führer endlich, sich aufs tiefste terrorisiert fühlend, sie mit der NS-Reichsschrifttumskammer verglich. Damit hatte der Konflikt von Macht und Geist im Unsinn einen Höhepunkt erreicht.

dung machen im Reich der Nacktheit und des sexuellen Umgangs, der als Ur- wie als Endzustand gedacht werden kann, keinen Unterschied. Die Flucht aus der Geschichte und in die Utopie bleibt in der Pornographie möglich. – Die Tatsache, daß es in keiner entwickelten Demokratie «positive» Literatur gibt, die den politischen und gesellschaftlichen Status quo gerecht, bestehenswert oder unproblematisch beschreibt, kann geradezu als politisches Kriterium gelten: Regime, unter denen sich die Schriftsteller zustimmend verhalten, das System stützende Literatur hervorbringen, können nicht als freiheitlich gelten.

Der scharfe Gegensatz, der zwischen den Intellektuellen und der Wohlstandsgesellschaft, der Bundesrepublik und ihrer amtlichen Politik bestand, ist ein wichtiges Kennzeichen für die Unzulänglichkeit der Regierenden. Adenauer kam ohne die Zustimmung der Intellektuellen aus und ertrug ihre Abneigung ohne Gemütsbewegung. Sein Nachfolger versuchte es zunächst gütlich, sich mit dem Geistigen zu verbünden, konnte aber sein Mißverständnis, was Geist sei, durch sein Mißverständnis der Macht nicht ausgleichen. Vom ganzen politischen Personal der Bundesrepublik gilt seit ihrer Gründung, daß ihm die Fähigkeit zur Kommunikation mit den Intellektuellen fehlt. Es ist dazu nicht gefordert, daß die Politiker zugleich Schöngeister seien, in Salons mit Literaten belletristisch plaudern, sich auf Vernissagen kennerhaft blicken lassen, aber sie müssen, wenn sie mit intellektueller Kritik umgehen wollen, die eigene Politik kohärent formulieren, ihr Konzept vorweisen können. Das hat keiner vermocht, und die Plakate vom Abendland und der Wiedervereinigung genügten den Intellektuellen nicht. Als der Außenminister Heinrich von Brentano in hitziger Parlamentsdebatte den großen kommunistischen Dichter Brecht dem gänzlich belanglosen nationalsozialistischen Reimer Horst Wessel gleichstellte, sah die Intellektuellenschaft den Beweis für eine schon immer vermutete, an Verworfenheit grenzende Ignoranz der Bonner Machthaber.

Die Wendung von Macht und Geist zaubert Erinnerungen herauf an augusteische Zeitalter, an goldene Epochen, in denen der Herrscher die Künste und Wissenschaften ehrt, sie in Liberalität beschenkt und sie dafür seinen Namen für die Jahrhunderte aufbewahren. Sie erregt den Wunsch nach der Vereinigung des Geistes mit der Macht in der Person des Herrschers selber, für die die beiden Friedrich der deutschen Geschichte stehen können. Solche Sehnsüchte müssen unerfüllt bleiben, seit der Geist autonom ist und die Regierenden von der Zustimmung der Regierten abhängig sind.

Die Deutschen glauben oft, in anderen Ländern stehe es mit Macht und Geist prinzipiell besser. Aber in den Vereinigten Staaten ist es genauso, in England besser, soweit Politiker und Literaten der alten Oberschicht entsprossen, und in Frankreich besteht noch aus den Tagen der Monarchie eine offizielle Verbindung, wie durch die Académie, und ein gegenseitiger Anstand. Aber einen Einfluß auf die Geschäfte haben die Intellektuellen als Gruppe nicht, und sie antworten den Politikern mit Geringschätzung.

Am Ende werden auch die Deutschen des neurotischen Gegeneinanders derer, die für die Macht, und derer, die für den Geist stehen, überdrüssig; es kehrt ein temperiertes Verhältnis ein, in dem die Regierung sich aufs Regieren konzentriert, die Gelehrten forschen und die Dichter schreiben. Was sie zu den öffentlichen Angelegenheiten verlautbaren, wird dann nicht mehr Salve sein im Gefecht von Macht und Geist, sondern ein Schifflein unter vielen im Strom der öffentlichen Meinung.

Der deutsche Humor

Auch in Deutschland ist es eine böse Sache, humorlos zu sein oder dafür zu gelten. Wenn einer «keinen Spaß versteht», ist er ungemütlich, ein Pedant, hochmütig und erhebt sich über seinesgleichen; von einem Vorgesetzten, einem Höhergestellten gesagt – der versteht keinen Spaß! –, kann die beliebte Wendung Achtungsvolles ausdrücken: der nimmt seine Pflicht genau und läßt nichts durchgehen. Aber beim Betriebsfest, der Kirchweih, dem Karneval, überhaupt allen anerkannten Anlässen öffentlicher Lustbarkeit muß auch der Hochgestellte Humor zeigen, sonst «verdirbt er's mit den Leuten», muß das Scherzwort zur Hand haben, darf die Vergnügung des Schmauses, des Trunkes, des Tanzes im Kreise aller nicht verschmähen. Er muß den Nachbarn «Prosit!» zurufen; wer oft genug «Prost» sagt, hat ohnehin Humor. Gleiches gilt vom Politiker im Wahlkreis, von Unteroffizier und Mannschaft, von Professor und Student. Dieser Humor ist soziales Bindemittel, hält Gemeinschaften zusammen. Wer ihn nicht besitzt, sich nicht die Mühe macht, ihn zu affektieren, schließt sich von der Mehrheit aus. Niemand ist von der Pflicht zum Humor befreit. Wer sich darüber hinwegsetzt, muß es bezahlen durch Verlust an Ansehen und sozialer Stellung oder er kompensiere den Mangel an Humor durch eine Fülle anderer Vorzüge. Dann wird die Umwelt vielleicht so viel Humor aufbringen, ihm die Humorlosigkeit zu verzeihen.

Das ist aber nur ein Begriff des Humors unter vielen, wenn auch ein wichtiger. Er kommt wohl bei allen Völkern, in allen Kulturen vor. Wenn man im Englischen von jemandem sagt, er habe keinen «sense of humour», bedeutet es formal dasselbe – es verschmäht jemand eine bestimmte Konvention des Umgangs, die seiner Situation, seinem Milieu gemäß ist, oder ist dazu nicht imstande; Inhalt und Form der Konvention können sehr verschieden sein. Unter Deutschen muß also ein Deutscher Humor haben, und meist hat er ihn auch, aber es ist ein Humor von der Art, der die Behauptung, die Deutschen hätten keinen, nicht ausschließt.

Tatsächlich meint, wer von der Humorlosigkeit der Deutschen redet, sei er nun selbst Deutscher oder Angelsachse (ein Franzose, erst recht ein Spanier oder Italiener würde auf das als Abwertung gedachte Urteil nicht so leicht kommen), einen gänzlich anderen Humor. Ohne die pedantischen Unterscheidungen heranzuziehen, die deutsche Schriftsteller als einen gewichtigen Beitrag zur Literatur des Humors erbracht haben, kann man sagen, daß die deutschen Stämme sich im populären Humor, im Ausdruck der Fröhlichkeit des Volkes von ihren

Nachbarn jedenfalls nicht in der Weise unterscheiden, daß sie davon weniger hätten. Auch an großer humoristischer Literatur fehlt es den Deutschen nicht und nicht an politischer und sozialer Satire. Der Vorwurf der Humorlosigkeit trifft ausschließlich den Umgangston der deutschen bürgerlichen Gesellschaft aus Besitz und Bildung, die seit dem 19. Jahrhundert sich den Konventionen des westlichen Europa verschlossen hatte, sich jedenfalls nicht einigte auf einen Kammerton des geselligen Verkehrs, des ironischen Verständnisses, der Sicherheit und Leichtigkeit selbstverständlicher Formen.

Den Polen und Russen mag der deutsche Kolonist, Beamte oder Handelsmann wegen seiner Tüchtigkeit, seines Fleißes humorlos erschienen sein, «humorlos» als zusammenfassende Eigenschaft, unter der der Störenfried und Streber dem Geruhsamen, dem Lebenskünstler entgegentritt: Auch das innerdeutsche Humorgefälle hat hier seinen Grund – die ältere und reichere Kultur des Südens und Westens empfand Sparsamkeit, Fleiß und Zucht der Deutschen im Nordosten als Strenge und Humorlosigkeit; die konfessionelle Trennung kam hinzu – die Reformation hatte mit den heidnischen, unchristlichen Resten im Volksglauben aufgeräumt; das waren aber meist die freundlichen, festlichen Anlässe gewesen. Die Tugenden des Mangels erregen keine Sympathie. Nicht diese Tugenden selbst, wohl aber das Pochen darauf verschafften deutschen

Gelehrten und Militärs, Industriellen und Gottesmännern den Ruf, ohne Humor zu sein. Ein höflicher Mensch kokettiert lieber mit seinen Lastern als mit seinen Tugenden, spricht nie von seinem Fleiß, seinem Erfolg und legt nicht, es sei denn aus gewichtigem Anlaß oder vor der Menge, Bekenntnisse ab zum Vaterland oder zur Dreifaltigkeit: diesem Kodex, der die spielerische Verständigung bezweckt und die Untertreibung bevorzugt, unterwarf sich ein großer Teil der deutschen Gesellschaft nicht.

Das Volk als die Summe aller, die sich zu keiner der Oberschichten rechnen, hat Humor und verlangt bei seinen Festen den volkstümlichen Humor von denen, die mit ihm umgehen. Die Oberschichten, die gebildeten oder die reichen Leute haben dieselbe Art Humor, drücken ihn nur ein wenig feiner oder vornehmer, spießiger oder genialischer aus – und daß prinzipiell kein Unterschied besteht zwischen ihrem Humor und dem des Volkes, daß die Deutschen sich gleich sind im Humor, unterschied und unterscheidet die bürgerliche Gesellschaft Deutschlands von der anderer Nationen, vor allem der englischen, die im 19. Jahrhundert den Geschmack der gehobenen Klassen auf dem Kontinent zu bestimmen begann. Die spezifische Form des Humors der britischen Oberschicht bildet eine Klassenschranke, der deutsche Humor ist klassenlos und volkstümlich. Da er die Gesellschaftsschicht, die er differenzieren sollte, kaum unterscheidet, erscheint sie, an der englischen gemessen, plump, mittelständisch, humorlos.

Der Populär-Humor ist im sprachlichen Ausdruck ritualisiert und als geselliger Frohsinn an äußeren Anlaß, Tageszeit, kirchlichen und bürgerlichen Kalender gebunden. «Tages Arbeit, abends Gäste, saure Wochen, frohe Feste...», läßt Goethe den Schatzgräber zum Vorsatz nehmen. Die meisten Formen dieses Frohsinns sind sehr alt. Die bürgerlich-bäuerlichen Feste des Mittelalters waren nicht viel anders als die heutigen Volksfeste, die Feuerwehrbälle, Kirmessen, Schützen- und Stiftungsfeste der Vereine, die süddeutsche Fastnacht. Umzüge und Tanz gehören dazu, Wettbewerbe mit Preisen, Schmausereien und Gelage, auch die Geschlechtslust kommt zu ihrem Recht. Es ist eine laute, lärmende Fröhlichkeit, das Lachen drückt Behagen aus, Übereinstimmung aller mit allen, und wenn einer gefoppt wird, und sei es auf handgreiflich-schmerzhafte Weise, muß er ein Kerl sein, mitlachen und darf nichts übelnehmen.

Dieser volksmäßige Humor, in dem die Deutschen hinter keinem Volk der Erde zurückstehen wollen, basiert auf der scharfen Trennung von Scherz und Ernst, Arbeit und «Feierabend»: Erst die Arbeit, dann das Spiel, sagt der alte Spruch. Die Trennung von Humor und Ernst wird auch förmlich angezeigt. Auf der Einladung zu einer Sitzung heißt es «anschließend geselliges Beisammensein» und in gebräuchlicher Rede, ganz deutlich das Mißverständnis ausschließend «Spaß muß sein!», doch dann «Scherz beiseite!». Der Ernst muß ernst sein und deutlich, der Humor ebenso deutlich Humor und lustig. Ernstes spielerisch zu sagen, das wird nicht gewollt und nicht verstanden; Ironie, soweit gestattet, muß angekündigt und eindeutig sein.

Der deutsche Volkshumor hat eine umfangreiche und bedeutende Literatur hervorgebracht. Es gibt lustige Märchen, eine Unzahl von Schwänken, Erzählungen, die die übergroße Einfalt der Einwohner von Schilda und Schwarzenborn verulken, die Verherrlichung des Narren Till Eulenspiegel und rabelaisische Dichtungen von Saft und Kraft, die Fastenpredigten von Abraham a Santa Clara, Rüpelspiele und Volkspossen. Das Bedürfnis nach dieser Literatur, das nach Bürgers Rück-Eindeutschung den Münchhausen zu einem Volksbuch machte, und der Jobsiade des Bochumer Arztes Kortum (1783 als Parodie abgefaßt, als komisches Original zum Erfolg geworden) zu einer breiten Popularität über das akademische Milieu hinaus verhalf, ist im Absterben. Die meisten der literarischen Denkmäler belustigen das Publikum nicht mehr, so wenig wie die Wortwitze Shakespeares. Die neue Produktion der Gattung gehört zur literarischen Subkultur.

Die große Literatur Deutschlands hat Beiträge zum Humor vorzuweisen, die im Vergleich zu ausländischen Literaturen keinen Mangel, eher einen Überfluß andeuten. Unter den Klassikern ist zuerst Goethe zu nennen, dessen Produktion von «Hans Wursts Hochzeit» bis zum zweiten Teil des «Faust» eine Fülle derben, ja obszönen Humors, satirischer Polemik bis zur höchsten Ironie hervorgebracht hat – im Faust wird schließlich die Metaphysik elegant. Aus Goethes Zeit sind Lichtenbergs scharfe, Wielands sanfte Späße lebendig. Heinrich Heine begann mit den «Reisebildern» eine glänzende Karriere, in deren Verlauf das Bürgertum ihn schließlich vorzüglich als «Humoristen» auffaßte; er verhalf einer ganzen Gattung des humoristischen Feuilletons, der Humoreske, zum Durchbruch, die recht bald in plattem Philistertum versandete.

Das eigentliche «Lustspiel», das anderwärts als Komödie dem Publikum gestattete, sich in Form des Humors zu verständigen, hat sich nur zu wenigen Höhepunkten erhoben. Lessings «Minna von Barnhelm» ist nur der Intention des Autors, nicht der Wirkung beim Publikum nach ein Lustspiel, und Kleists «Amphitryon», ein herrliches Stück, dessen metaphysischer Humor den Sterblichen aber nicht zum Lachen bringt, sein «Zerbrochener Krug», ein, wenn man will, tiefsinniger Schwank. Die französischen, englischen und italienischen Theaterdichter des 17. und 18. Jahrhunderts konnten in ihren Komödien ihr Publikum mit sich selbst konfrontieren, seine Institutionen verspotten, seine

Schwächen verlachen. Das bürgerliche Zeitalter Deutschlands brachte allenfalls ein bürgerliches Trauerspiel, aber keine solche Komödie hervor – bis auf eine Ausnahme, Christian Dietrich Grabbes «Scherz, Satire, Ironie und tiefere Bedeutung» (1827), das bis auf den heutigen Tag das witzigste Theaterstück der Deutschen geblieben ist. Die unterhaltenden Gebrauchsstücke des 19. Jahrhunderts konnten vor dem strengen Blick der Kunstrichter nicht bestehen und wurden vergessen. Das Konversations- und Gesellschaftsstück, das auf den englischen und französischen Bühnen blühte und noch blüht, hat keine einheimische Entsprechung. Noch Gerhart Hauptmanns «Biberpelz», zu einer Zeit geschrieben (1893), die andere Nationen als letzte hohe Zeit des Bürgertums erkannten, spielt in einem sozialen Milieu, das weit unter dem seines Theaterpublikums lag; die polemische Spitze gilt dem Regime – aber die bürgerliche Welt selbst bleibt unsichtbar.

Das geringe Selbstbewußtsein der bürgerlichen Gesellschaft in Deutschland wird auch durch den Roman bezeugt. Zur Zeit als Thackeray den «Jahrmarkt der Eitelkeiten» schrieb und das Snobsbuch, blühte in Deutschland noch der Entwicklungsroman, in dem ein einzelner seine Bestimmung verwirklicht. Der Humor ist aber ein geselliges, gesellschaftliches Phänomen und hat deshalb im Gesellschaftsroman sein Zuhaus. Erst viel später, etwa in

Fontanes «Stechlin», spielt daher der Humor, die heitere Konversation eine wichtige Rolle; es wird nicht zufällig sein, daß Fontane England und die englische Literatur gut kannte und sein Roman in den tragenden Personen auf den Umgang eines aufgeklärten, weltläufigen Junkertums beschränkt war. Bei Thomas Mann, der im «Felix Krull» den höchsten humoristischen deutschen Roman schrieb, ist die bürgerliche Gesellschaft nicht mehr Gegenstand, sondern nur noch Material zur Verwertung; der liebenswürdige Hochstapler, der die bürgerliche Welt in seiner Person konsumiert, bedeutet den ironischen Abgesang der versunkenen bürgerlichen Epoche.

Der politische Humor hat seit den Befreiungskriegen in der deutschen Literatur einen bedeutenden Platz. Er war das vielleicht wichtigste Ausdrucksmittel des Kampfes der Literaten gegen die Philister, der Liberalen, Radikalen und Demokraten gegen die Restauration. Es gab schon Vorläufer im 18. Jahrhundert, den Freiherrn von Knigge zum Beispiel, im neunzehnten wurde die Tendenz zur Quelle eines breiten Stroms mit den Mitteln des Humors geführter Polemik. Heine und die Gesinnungsgruppe des «Jungen Deutschland» war daran beteiligt, aber auch Jean Paul und unzählige mehr – eine Bewegung, die später in das politische Kabarett und das politische Witzblatt einmündete. Dieser politische Humor entspricht der lebhaften Volksneigung zur Satire und zur Parodie. Einer bei den Herrschenden beliebten Ideologie des 19. Jahrhunderts zum Trotz – die den «goldenen Humor» wollte mit einem Schuß Herzensgüte*, der die Zufriedenheit der Deutschen mit ihrem Schicksal, dem lächelnden Einverständnis mit ihren und den allgemein menschlichen Schwächen ausdrückt und die

* Die meisten ästhetischen Theorien deutscher Philosophen und Schriftsteller trennen Satire und Ironie als eigene Gattungen vom Humor, für den dann Autoren wie Gottfried Keller, Wilhelm Raabe, Fritz Reuter, Gustav Freytag genannt werden. Diese Gliederung grenzt den Humor im Grunde auf den realistischen Roman ein, der ohne epische Behaglichkeit und die Sympathie des Schreibenden für seine nacherschaffene Welt nicht auskommt und insofern im Gegensatz zur darauf folgenden naturalistischen Generation humoristische Elemente enthält. Aber sie stimmt mit dem allgemeinen Sprachgebrauch nicht überein. Der Sprachgebrauch stellt ab auf die subjektive Verfassung der Heiterkeit, Fröhlichkeit, das herzliche oder hämische Gelächter, nicht auf die objektiven Mittel, durch welche eine solche Gemütsverfassung erzeugt wird oder sich kundgibt. Im Gegensatz zum Bild der Harmlosigkeit, das die Deutschen im Michel von sich selbst entwerfen und zu dem der goldene Humor gut paßt, ist ihr literarischer wie praktischer Humor so wesentlich von der Lust an der Satire und dem scharfen Witz bestimmt, daß, schließt man diese aus, nicht mehr gar viel übrigbleibt. Sieht man von den Späßen aus der Sexualsphäre, die in vielen Kulturen den Humus humoristischer Bemühung darstellen, und anderen Harmlosigkeiten des Alltags ab, so fällt auf, daß schon der reiche Humor der Mundarten häufig eine kritische Tendenz hat. Die Staatsmänner und Geistesfürsten, die unter Deutschen wegen ihres Humors berühmt sind, haben sich mehr durch scharfen Witz (von Friedrich dem Großen bis Adenauer) ausgewiesen als durchs Gemütvolle. Auch die beliebten humoristischen Fachschriftsteller, Wilhelm Busch wie Ludwig Thoma, sind in der Hauptsache Satiriker.

den galligen gallischen Witz verwarf – blieb der politische Humor immer lebendig; er kann die Lust des schlichten Mannes am politischen Witz gegen die Machthaber ebenso nutzen wie das Bedürfnis des Karnevals nach harmloser politischer Demonstration (in den Kölnischen Karnevalsvereinen trägt der Programmgestalter charakteristischerweise den Titel «der Literat») und hat das politische Kabarett seit langem schon zu einem legitimen Ort der öffentlichen Meinung werden lassen. Dieser politische Humor war ursprünglich Ausdruck des Protests der Ohnmächtigen und hat die Ohnmachtshaltung zum Teil bewußt konserviert und kultiviert: der Witz will oft verletzend sein, nimmt den Mangel an Eleganz, den ätzenden schrillen Ton in Kauf. Je grundsätzlicher die ausgedrückte Opposition, desto kleiner die Chance, daß sie ernst genommen wird, und das Nicht-ernst-genommen-Werden wird dem Kabarettisten zur Quelle frischer Kraft und neuer Einfälle. Das Lachen ist dem Kabarettisten nur der Applaus für die Pointe; im Grunde will er ernst genommen werden, hält sich für ernster als die Machthaber, die ihm zynisch scheinen und frivol.

Der politische Humor lebt von der Fremd-Ironisierung. Der Ohnmächtige kritisiert den Machthaber, der Künstler den Philister (der Philister rächt sich gelegentlich mit dem Witz über die moderne Kunst, dem Schimpfwort gegen den politisierenden

Literaten), aber die Selbstironie, wesentliches Ingredienz des weltläufigen angelsächsischen Humors, kommt kaum vor. Die «Gesellschaft» tritt sich nicht selbst gegenüber, blickt sich verfremdet an und distanziert sich von den eigenen Schwächen: das deutsche Bürgertum hat sich nie in der Kohärenz einer «Gesellschaft» befunden und das Selbstbcwußtsein einer Gesellschaft durch Selbstironie artikuliert.

Aber in all den Formen des Humors, die «Gesellschaft» nicht voraussetzen, haben die Deutschen ihre Lust, Welt und Umwelt nicht übermäßig ernst zu nehmen, ausgedrückt, nicht bloß in den Feiern des Volkes, der Satire, der hohen Dichtung, auch in den Schriften ihrer Philosophen, wobei vor allem Kant und Schopenhauer zu nennen sind; sie zeigt sich auch in der Form des Humors, den Engländer leicht für eigentlich englisch halten, dem Humor des Unsinns, der Befreiung von den Fesseln der Realität und der Logik. Christian Morgenstern und Ringelnatz sind die klassischen deutschen Gegenstücke zu Lewis Caroll und Edward Lear.

Während der Volkshumor sich über Kriege und Krisen erhielt und nach dem Zweiten Weltkrieg sogar statt des den Deutschen sonst nachgesagten Selbstmitleids ein ironisches Sichabfinden mit der eigenen Miserabilität ermöglichte – wie in dem in Anwesenheit des britischen Militärgouverneurs im Kölner Karneval 1947 lancierten Liedes «Wir sind die Eingeborenen von Trizonesien», das zu einer

Volkshymne wurde – hatte der literarische Humor zunächst keine Zeugnisse der Zeit zustande gebracht; die Bewältigung der Vergangenheit war ein zu ernstes Geschäft, das selbst das Lächeln nur in privatem Kreise zuließ. Die Schuld, die viele auf sich geladen, und die Reue, die alle zu zeigen hatten, schlossen Humor, den öffentlichen Gegenständen gewidmet, fürs erste aus. Wiedergutmachung und Wiederaufbau, Demokratie und Rechtsstaat waren Angelegenheiten von tiefem Ernst. Über die braune Herrschaft, die doch reich war an komischen Zügen, wurde gelacht und gewitzelt, solange sie dauerte, danach nicht mehr. Erst der erreichte Wohlstand, der halbwegs vollendete Wiederaufbau, die beginnende Rückkehr in ökonomische und politische Normalität setzte wieder Affekte von Humoristen frei, welche die Wohlstandsgesellschaft und ihre Auswüchse kritisierten, von der sie zwar selbst notwendigerweise ein Teil waren, sich aber doch durch die Kritik einigermaßen von der Zugehörigkeit moralisch absolvieren konnten.

Eine besondere Stellung hat im deutschen Humor der Karneval, der seit seinem Beginn im wesentlichen Sache der rheinischen Landschaft von Mainz bis Düsseldorf geblieben ist. Er hat zwar Elemente der mittelalterlichen Fastnacht übernommen, doch treten sie gegen neuere Einflüsse und die private Geselligkeit zurück. In seiner charakteristischen Ausprägung gibt es ihn erst seit Beginn des

19. Jahrhunderts; es ist kein Zufall, daß er sich vorzüglich in den ehemals geistlichen Territorien (Mainz, Trier und Köln) nach der Französischen Revolution herausbildete, in deren Auswirkung das Land weltlicher Regierung (erst französischer, dann preußischer) unterstellt wurde. Die offizielle Kostümierung des Karnevals, die Prinzengarden und Funkenmariechen verwenden Uniformen aus der letzten Zeit des Ancien Régime, das pseudomilitärische Zeremoniell drückt zivilen Spott über die soldatische Umgangsform aus. Zur gleichen Zeit entstanden auch im kölnischen Hänneschen-Puppenspiel die beiden Hauptfiguren des rheinischen Humors, Tünnes und Schäl, die naiv oder ironisch Volksstimmung gegenüber der Strenge der Obrigkeit und dem Bombasmus behördlicher Sprache und amtlicher Feierlichkeit ausdrücken. Der Karneval ist aber selbst Institution mit eigener Hierarchie und Organisation geworden, das Gehabe seiner Würdenträger längst karikaturfähig. Durch das Fernsehen erlangte der Karneval, vor allem der Mainzer, eine unermeßliche bundesweite Popularität; die offiziellen Kundgebungen der Mainzer Gesellschaften sind weniger aufs Lokale beschränkt, sondern fassen gesamtdeutsche, ja weltpolitische Wirklichkeit ins Auge (vielleicht hat der Mainzer Witz den Hang zum Politischen seit der kurzlebigen Gründung der einzigen jakobinischen Republik auf deutschem Boden traditionell stärker ausgebildet),

doch mag diese Popularität den Abstieg des Karnevals als Ort des politischen Humors in Gang bringen. Der schärfere Witz verdrängt nämlich den milderen, und in Konkurrenz mit dem politischen Kabarett kann der politische Karneval nur vor seinem spezifischen Publikum, einem bieder-bürgerlichen und intellektuell anspruchsloseren bestehen. Schon wurden Karnevalssitzungen mit Erfolg parodiert, aber ein Humor, der parodiert werden kann, ist nicht mehr auf der Höhe der Zeit. Trotzdem bleibt, nach allen Anzeichen, der Karneval ein unverwüstlicher Bestandteil des deutschen Lebens – unverwüstlich wie der Fasching, der aus der Lust an der Lust, am persönlichen Vergnügen schon immer seine Kraft bezog.

Die Humorlosigkeit der Deutschen reduziert sich also auf den Tatbestand, daß ihr Bürgertum keine geschlossene Oberschicht entwickelte und der von der englischen dargestellte Umgangston nicht oder nur unvollkommen nachvollzogen werden konnte. Die Männer der englischen Oberschicht waren oder erschienen doch zuerst als Gentlemen, waren auf den gleichen Schulen gewesen und hingen den gleichen Konventionen an, und waren erst außerdem Bischöfe, Offiziere, Richter, Anwälte, Gutsbesitzer, Gelehrte und Handelsherren. Im bürgerlichen Deutschland des 19. Jahrhunderts zerfiel diese Schicht in mehr oder weniger insulare Gruppen, zu allem noch regional geteilt. Innerhalb dieser Gruppen funktionierte freilich der Kodex, und es gab einen Verkehrston, der auch die leichte, lässige, augurenhafte Verständigung erlaubte. So hatte das Offizierskasino seinen Witz, und es gab viele Philosophenwitze, als es noch Philosophen gab, und selbst der Klerus wußte sich auch humoristisch zu verständigen: aber eine weltläufige, der Oberschicht allgemeine Umgangssprache, die sich der englischen hätte anpassen können, gab es nicht. So trat im Verkehr der Oberschichten untereinander und nach außen eher der Doktrinär hervor und nicht der Augur, der Mangel an gemeinsamer Form schuf Verlegenheit, die gemeinsame Plattform gab der Bierkeller, der nur den Volkshumor, und der Staatsakt, der gar keinen zuläßt.

Der Innungshumor der Oberschichten läßt sich, nachdem sie allesamt um einen über ihre Provinz hinausgehenden Führungsanspruch gekommen sind, nicht mehr integrieren. Es wird nun beim Volkshumor bleiben mit seiner strengen Scheidung von Scherz und Ernst, zum andern bei einem ironischen Ton mittlerer Höhe, den die Allgegenwart der großen Publikationsmittel erzielt. Der Fabrikbesitzer und sein Arbeiter, der Student und sein Professor erfreuen sich an denselben Späßen und bilden sich an demselben kritisch-ironischen Ton, den die Autoren der öffentlichen Meinung wählen. Es bleibt dabei viel, was Lord Chesterfield oder Oscar Wilde klumpfüßig vorgekommen wäre, aber die Anglophilen können sich damit trösten, daß die Franzosen, Italiener, Spanier, auch die Amerikaner den feinen englischen Ton gleichfalls nicht trafen, wenngleich ihre Oberschicht sich zu verständigen wußte. – Außerdem geht es auch mit dem englischen Humor zu Ende, der, wie der klassische Kriminalroman an die bürgerliche Gesellschaft im alten Verstande gebunden ist. Dieser Humor als façon de parler einer gehobenen gesellschaftlichen Sphäre ist eine historische, zeitbedingte Erscheinung, weder von ewiger Dauer noch von ewigem Wert. Wie er vergeht, so verschwindet auch sein Schatten – der Vorwurf von der Humorlosigkeit der Deutschen.

Editorische Notiz

Die hier versammelten Essays wurden dem 1967 im Verlag Heinrich Scheffler, Frankfurt am Main, erschienenen Buch «Die Deutschen» entnommen, von dem 1969 die dritte Auflage und 1971 eine Taschenbuchausgabe beim Deutschen Taschenbuch Verlag, dtv, München, erschienen ist.
Die Wiedervereinigung Deutschlands hat für die ausgewählten Essays einige, vornehmlich sprachliche Klarstellungen durch den Autor notwendig gemacht. Dieter Luippold

Die Deutsche Bibliothek – CIP-Einheitsaufnahme

Gross, Johannes:
Über die Deutschen / Johannes Gross. –
2. Aufl. – Zürich: Manesse Verlag, 1992
(Manesse Bücherei; Bd. 49)
ISBN 3-7175-8198-8
NE: GT

Buchgestaltung:
Brigitte und Hans Peter Willberg, Eppstein